Piccoli e Grandi *manuali*/ 37

Piccoli e Grandi
manuali

Cheryl Tuttle, Penny Paquette
So contare!

Eva Zoller
I nostri piccoli filosofi

Paola Santagostino
Come raccontare una fiaba

Dorothée Kreusch-Jacob
La fabbrica dei suoni

Gisela Preuschoff
Come capire e risolvere le paure dei bambini

Evi Crotti, Alberto Magni
Come interpretare gli scarabocchi

Paola Santagostino
I perché dei nostri bambini

Jean-Claude Olivier
Giochi di lotta

Erina Fazioli Biaggio
Bambini davanti alla TV

Earl A. Grollman
Perché si muore?

Helga Gürtler
I bambini hanno bisogno di regole

Annegret Weikert
Piccoli riti di ogni giorno che aiutano a crescere

Vicki Lansky
Come dire al vostro bambino «Ti voglio bene»

Paola Santagostino
Come crescere un bambino sicuro di sé

Hermann Krekeler
Che disordine!

Vicki Woolf
Giochi di movimento con i nostri bambini

Vicki Lansky
Come essere una mamma davvero speciale

Vicki Lansky
Come essere un papà super

Gisela Eberlein
Le fiabe che rilassano

Nessia Laniado
Mamma, me lo compri?

Nessia Laniado
Parolacce e rispostacce

Nessia Laniado, Gianfilippo Pietra
Le bugie dei bambini

Barbara Briddock
Genitori felici e bambini contenti

Nessia Laniado, Gianfilippo Pietra
Rubabandiera

Nessia Laniado
Come insegnare l'intelligenza ai vostri bambini

Evi Crotti, Alberto Magni
Bambini e paure

Nessia Laniado
Mamma, non ho sonno

Nessia Laniado
Mio figlio mangia solo schifezze!

a cura di Arve Mathisen
Come sviluppare tutti i talenti del bambino

QUESTO LIBRO

Al giorno d'oggi, l'aumento della vita media consente a più generazioni di rapportarsi e di confrontarsi.
Questo libro, indirizzato non solo ai nonni ma anche ai genitori e ai nipoti, propone un modo nuovo, più maturo, di vivere le diverse esperienze e i diversi ruoli, senza eliminare le differenze e le peculiarità proprie di ogni età, ma anzi valorizzando i contributi che ogni membro della famiglia, proprio grazie alle sue differenze e alle sue peculiarità, può offrire.
Essere nonni può essere davvero un'esperienza straordinaria che permette di riscoprire il mondo dell'infanzia fatto di tenerezza, di gioco, di complicità.
Il libro è diviso in brevi capitoli, che analizzano i diversi aspetti e le diverse problematiche dei rapporti interfamiliari, molti dei quali propongono poesie e prose per fermarsi a riflettere, oppure ricette o giochi da costruire o da inventare. Altri ancora riportano l'esperienza di un nonno o una nonna 'famosi'.

L'autrice

Grazia Honegger Fresco, nata a Roma, vive dal 1960 a Castellanza (Varese) dove ha fondato e diretto fino al 1986 una scuola Montessori per bambini dai due ai dieci anni.
Presidente del Centro Nascita Montessori di Roma, lavora attivamente per la formazione permanente degli adulti (educatori, genitori). È istruttrice dei CEMEA (Centri di Esercitazione ai Metodi dell'Educazione Attiva). Ha collaborato a varie riviste. Madre e nonna, ha pubblicato numerosi testi, tra i quali: *Un bambino con noi*, *Essere genitori*, *Abbiamo un bambino*, tutti presso Red Edizioni. È responsabile redazionale del quadrimestrale 'Il Quaderno Montessori', rivista per genitori ed educatori.

Revisione redazionale di Alessandra Dotti e Angela Giaccardi.
Disegni di Angela Giaccardi.
Le interviste a Marcello Bernardi, Giulia Del Carlo Giannini, Bruno Munari, Lalla Romano sono state fatte da Lia De Pra Cavalleri, che vivamente ringraziamo.

Prima edizione nella collana 'L'altra medicina': 1995
Prima edizione in questa collana: 2003
Prima ristampa: 2006

Fotocomposizione: Sedigraf, Blevio (CO).
Stampa: Legoprint, Lavis (TN).

www.red-edizioni.it
info@red-edizioni.it

Grazia Honegger Fresco

Essere nonni

edizioni
red!

Perché è nato questo libro

Tra una riflessione e l'altra, un esempio e una memoria, i giochi, le ricette, le filastrocche presentati in questo libro non vogliono essere sterile nostalgia del passato, ma proposte per non cedere all'idea (tentatrice) che il moderno sia preferibile all'antico.

È vero che, sempre più spesso, figli e nipoti si mostrano delusi quando ricevono un dono diverso dalle loro aspettative e non abbastanza 'tecnologico', ma solitamente anche il giocattolo tanto desiderato non viene nemmeno più guardato il giorno dopo.

Cerchiamo una via di mezzo: un po' di nuovo e un po' d'antico, riportando alla memoria i giocattoli della nostra infanzia e, se possibile, ricostruendoli con le nostre mani.

I giocattoli che sappiamo offrire e i giochi che sappiamo proporre assumeranno un valore e un significato in futuro, anche se ora non sembrano particolarmente apprezzati.

E anzitutto, chi ignora che la prima età dell'uomo sia di gran lunga la più lieta e la più gradita per tutti?
Cos'è nei fantolini che noi baciamo, abbracciamo, coviamo (...) se non quel loro incanto di follia pazzerellona?
(...) I vecchi godono straordinariamente dei fanciulli e i fanciulli alla loro volta han piacere dei vecchi. Che differenza c'è infatti fra vecchi e ragazzi, se non che quelli son rugosi e contano più anni?
Il bianco dei capelli, la mancanza di denti, il corpo ridotto a cercar latte e balbettare, tutto in una parola concorda in essi. Quanto più ci si avvicina alla vecchiaia, tanto più si torna simili a bambini, finché a mo' di bambini, senza sentire uggio della vita, senz'accorgerci di morire, usciamo di vita.

(E. da Rotterdam *L'infanzia e la vecchiaia sono pazzia*, 1508,
da *Elogio della pazzia*, Einaudi, Torino)

Il tempo porterà i nostri nipoti lentamente a capire i motivi, ora forse difficili da spiegare, del nostro modo di legare la nostra infanzia lontana a quella loro, così fresca e prorompente. Anche un oggetto semplice, fatto in casa, è trasmissione di valori.

Questo libro è dedicato ai nonni, in particolare a quelli che 'se la godono' con i loro nipoti, con un'attenzione particolare ai bisnonni, perché trovino la forza e il piacere di raccontare ai più giovani il loro passato, le antiche abitudini, gli oggetti e i modi di dire ormai in disuso, ma così saporosi.
Senza questo legame generazionale, saremmo tutti irrimediabilmente più orfani.

Ma il libro è dedicato anche ai giovani, ai bambini, per proporre loro un ascolto meno distratto o più paziente di chi li ha preceduti nel ciclo della vita.

Cambiamenti in atto

I legami generazionali hanno sempre avuto la funzione di trasmettere le tradizioni e i valori culturali. Negli ultimi decenni si è assistito a grandi cambiamenti nel tessuto sociale, che hanno avuto notevoli ripercussioni sul rapporto tra i nonni, i genitori e i nipoti.

La vita è più lunga

L'età media si è allungata di molto, tanto che si parla di 'terza' e di 'quarta età'. La terza, in particolare, è oggi costituita da persone in pensione che hanno spesso una certa sicurezza economica, salute, energie. La quarta età è invece rappresentata da anziani più dipendenti e fragili ('i vecchi-vecchi'). Per la prima volta nella storia umana possono convivere tre, quattro e perfino cinque generazioni.

Di conseguenza vi è una maggiore 'speranza di vita'. Questo è dovuto anche al fatto che, solo un secolo fa, la maggior parte degli uomini e delle donne lavorava allo stremo delle forze fino alla fine (la vita media era intorno ai quarantacinque anni, e non esisteva alcuna sicurezza per gli anziani). Oggi le migliori condizioni di lavoro, l'aumento del tempo libero, la possibilità di dedicarsi anche ad attività non strettamente lavorative favoriscono una vecchiaia più tranquilla e longeva.

La famiglia patriarcale è scomparsa

Si è dissolta la cosiddetta famiglia 'patriarcale' o 'allargata': le stesse soluzioni abitative contemplano una famiglia composta da genitori e figli, da un unico nucleo, senza più spazio per gli anziani o i parenti *single*.
Non vi sono più le relazioni autoritarie del passato, in base alle quali i genitori imponevano ai figli idee, modo di vivere, mestiere o professione: ancora negli anni Settanta lasciare la famiglia era per i giovani un modo per liberarsi dell'autorità parentale. Oggi c'è più comunicazione e scam-

bio tra le generazioni, e i contrasti che portano a una rottura dei rapporti sono più rari. D'altro canto, la coppia giovane appare più fragile, tanto da appoggiarsi concretamente ai genitori, così come la difficoltà di trovare lavoro o casa tiene più a lungo insieme anziani e figli, sposati o meno.
Negli anni Settanta un bambino nato fuori dal matrimonio segnava la rottura con i genitori; oggi una giovane donna si sente protetta con il suo neonato perfino dai nonni e dai bisnonni.

Il progresso tecnologico ha deluso

Solo fino a qualche decennio fa abbiamo vissuto in Europa, grazie alla produttività e alla tecnologia, una sorta di fede cieca nel progresso della scienza, nel miglioramento illimitato della nostra esistenza.
Di conseguenza, tutto quello che apparteneva alla sfera del personale, delle emozioni, dell'affettività veniva svalutato a fronte delle scelte cosiddette 'razionali' (ma in realtà legate al progresso e al profitto). Oggi, cadute le ultime illusioni ideologiche, con le gravi minacce all'ambiente e la pressione di popoli che, dopo tanto sfruttamento, giungono dal Sud e dall'Est del mondo con speranze impossibili, il sogno di una società onnicomprensiva sta definitivamente esaurendosi. Una cosiddetta Comunità Europea, con tanto di accordi scritti, che però spesso non riesce a far fronte ai problemi di tutte le popolazioni che ne fanno parte, può essere un'ulteriore fonte di delusione. È così dunque che si torna alla sfera del privato: si rivaluta il senso della solidarietà umana, ma si assiste anche a sconcertanti chiusure nazionalistiche.

È stata riscoperta la memoria

Gradualmente riacquistano valore l'immaginario, la memoria, la creatività individuale, il linguaggio dei simboli e quindi il desiderio di sentirsi vicini a chi ci ha preceduto, di saperne di più sulle proprie origini, valorizzando gli anziani. In questo clima, cercare informazioni sugli antenati, sulle proprie 'radici', come si usa dire, non sembra più futile antiquariato. Riprende significato la trasmissione dei valori dai più anziani ai giovani per 'lento assorbimento' e senza alcuno sforzo pedagogico, come un 'bene' che si riceve senza rendersene conto, attraverso gesti, frasi, sapori, odori che il vivere stesso conserva nel tempo. Esattamente il contrario della scuola dove si insegna (spesso si inculca) qualcosa che prima era sconosciuto.

È importante conoscere le proprie origini

I legami familiari hanno aspetti simbolici non detti che si rinsaldano nel corso della vita o si trasformano. Legami, a volte catene.
Per costruire la propria indipendenza occorre sapere da dove si viene. Un individuo senza passato, senza storia, soffre di angosce profonde: non può essere se stesso, né espandere la propria personalità. Non è un caso che gli immigrati conservino così a lungo e con tale forza le tradizioni del proprio paese d'origine.

La famiglia ha riacquistato valore

Negli anni Ottanta si è parlato molto di 'crisi della famiglia' (separazioni, divorzi, nuove unioni) e questo ha potenziato la richiesta di aiuti da parte di uno Stato-padre che mettesse al riparo da tutte le difficoltà e risolvesse, con gli asili nido, le scuole, gli ospedali, i ricoveri, i problemi nati dalla famiglia in dissolvimento. Oggi il quadro sta mutando: lo Stato non arriva a tutto ed è in grave crisi. I servizi pubblici sono costosi e insoddisfacenti. Le strutture private, se funzionano meglio, sono spesso condizionate da ideologie di varia coloritura.

Ecco un altro motivo che porta a recuperare i valori e le risorse familiari: si presta nuovo ascolto al sapere degli anziani, rendendosi conto che, se i genitori educano, sono i nonni a impregnare di solidità antica, forse in modo meno conflittuale, il rapporto con i bambini (sempre che non siano nonni video-dipendenti o pronti ai facili consumi). Viene di qui la complicità, fatta di piccoli segreti, di confidenze, tra nonni e nipoti, anche adolescenti.
I genitori hanno la responsabilità dei figli; gli anziani, sotto forma di una parola, di un dolce, di un dono, portano qualcosa in più o di diverso che, alla fine dei conti, risulta affettivamente necessario. E se i nonni si mantengono giovani e ben portanti, sono i bisnonni, presenti in casa, con la loro fragilità e lentezza, a dar valore all'intera parabola della vita.
Stabilità, tenerezza, aiuto reciproco.
I giovani in corsa veloce a tratti si fermano.
Il ritratto in dagherrotipo della trisavola torna, come un tempo, al posto d'onore...

Diventare adulti

Si dice che, quando nasce un bambino, nasce una coppia di genitori. Non solo. Nascono anche quattro nonni. Emozione grande questo miracolo che si rinnova e che permette l'accesso a una nuova consapevolezza.
Eppure la parola 'nonni' può scatenare ansietà, rimpianti o anche banalità retoriche, compiacimenti. Nei nonni giovani possono insorgere timori, diffidenze; nei nonni anziani pretese, fughe e scarsa disponibilità.
Il proposito di questo libro vorrebbe essere quello di suggerire strade per vivere, con lievità e gusto del quotidiano, questa condizione umana, che oggi nel mondo occidentale, ricco fino allo spreco e anche egoista, ci è consentito di attraversare in modo nuovo rispetto alle generazioni passate.

Che cosa significa oggi avere un figlio?

Un secolo fa i nuovi nati erano visti solo come un peso o quali futuri 'strumenti' di lavoro e di continuità per il sostentamento della famiglia.
Oggi avere figli avviene in un'ottica del tutto mutata. L'attesa è più desiderata, voluta (fino ai pericolosi eccessi consentiti dalle nuove tecnologie mediche). Il bambino viene aiutato il più possibile a trovare una propria strada o, quanto meno, gli si riconosce questo suo diritto prioritario (anche se poi non sempre soddisfatto).
È diminuito fortemente l'obbligo di seguire le cosiddette 'orme paterne' nel lavoro come nel comportamento; anzi, l'evoluzione del giovane prende, talvolta polemicamente, strade opposte.

La conflittualità tra genitori e figli

Spesso i genitori lamentano che tale distacco nell'adolescenza si accompagni a forme aperte di ribellione, impensabili in passato. In effetti molti ragazzi attraversano questa loro fase di maturazione reagendo con aggressività alle premure, a volte ansiose e possessive, dei genitori, o alla

loro determinazione a voler imporre un'idea, una scuola, un modello di vita 'per il loro bene'.
Lo scontro è particolarmente duro tra genitori ultraquarantenni o cinquantenni e i loro figli adolescenti: il divario di idee, di desideri, di memorie diventa difficile da gestire.
In ogni caso, i genitori che reprimono nei ragazzi le esplosioni dell'adolescenza senza sforzarsi di capirle, le incontreranno di nuovo in età più avanzata, quando i figli, divenuti a loro volta padri e madri, rimprovereranno loro, a torto o a ragione, molte cose: parole non dette, incoraggiamenti mancati, entusiasmi bloccati sul nascere, imposizioni, prediche, abitudini noiose, scarsa sincerità, avarizia o prodigalità, segreti, bugie e altro ancora.

La conflittualità tra genitori e nonni

I neogenitori, sopraffatti dall'emozione di fronte a quel piccolo essere nato da loro, provano una percezione più netta del nascere e del morire e, insieme con sentimenti di gratitudine, il bisogno di difendersi dai propri genitori-nonni. E non hanno tutti i torti: dei nonni (oggi solitamente di un'età compresa tra i cinquanta e i cinquantacinque anni) temono ancora il giudizio, l'autorità, che in passato hanno frenato tanti desideri di autonomia.
Rimpiangono, più o meno consapevolmente, una 'rivolta' non realizzata fino in fondo nell'adolescenza ancora vicina.

Il più delle volte, però, le cause dei risentimenti e dei rimpianti («*Tu non mi hai mai...*») non sono così lucide. Oppure il giovane adulto vede con chiarezza le lacune nel rapporto con i genitori, ma non osa parlarne. Allora dice altro per sfogare un'antica rabbia; invia messaggi trasversali, inventa scuse per non affrontare le difficoltà di un legame da cui non riesce a prendere le distanze.

Evidentemente l'autonomia interiore non si è costruita. C'è in fondo la paura che impedisce la reciproca separazione psicologica, proprio quella che (strano a dirsi!) assicura la continuità con il legame originario, ovvero la possibilità di ricrearlo su nuove basi, fatte di stima e di indipendenza da ambo le parti.

Le conseguenze

Nei rapporti familiari essere adulti consapevoli e razionali è difficile per tutti. Difficile per i vecchi genitori come per i nuovi: spesso una catena di errori si perpetua, più di quanto non sembri, attraverso le generazioni. Dopo i 'nonni della guerra', nell'ultimo ventennio del secolo scorso ci sono stati i 'nonni delle fabbriche', del duro lavoro quotidiano: persone spesso ferite da una tale fatica di vivere da trasmettere come valore primario l'avere, il possedere.
Il detto: «*Le colpe dei padri ricadono sui figli*» è vero, soprattutto nel senso che un padre autoritario può allevare un figlio incerto ed emotivamente fragile che a sua volta sceglie per compenso una donna volitiva, ma castrante, la quale difficilmente favorirà nei figli la libera espressione di sé; e i figli si difenderanno a loro volta, chi divenendo ribelle e 'furioso' come il nonno e chi introverso e un po' invidioso come il padre.
L'esempio è banale e le somiglianze, in questi casi, del tutto gratuite, ma certamente i legami non risolti a tempo debito contagiano i figli e su di loro gioca in modi diversi il peso degli anziani.

L'abilissimo dirigente d'azienda che in casa è succube della vecchia madre, il politico d'avanguardia che consente ai figli poca libertà, il timido funzionario che in famiglia diventa un 'dittatore' aggressivo sono esempi frequenti di cui sempre ci si meraviglia.
Questa duplicità di atteggiamento tra esterno e interno è sì retaggio di un'educazione formale ereditata dall'Ottocento, ma anche segnale di una diffusa immaturità che perpetua i suoi effetti deleteri.
Spesso gli adulti lottano contro le energie vitali dei figli e questi, crescendo, si adattano, pagando però con la depressione e chiudendosi in se stessi, o si ribellano e quindi esplodono, aggrediscono, più o meno scopertamente.

Come si può rimediare?

È per questo che tanti giovani adulti, pronti a generare e a 'metter su famiglia', restano immaturi sul piano personale e sociale e si trovano quindi in difficoltà a dare un'attenzione equilibrata sia ai figli sia agli anziani. La strada da percorrere è quella di una nuova chiarezza, di parole vere, di intenzioni pulite. Chiunque, giovane o anziano, si senta di poterlo fare, provi a parlare. Non abbia paura del conflitto. Spesso è meglio un litigio (con il desiderio di risolverlo) che restare in un silenzio 'fangoso' o nella finzione.

D'altro canto, i giovani genitori in crisi ritardata di crescita si assestano a fatica nelle nuove responsabilità; cedono a egoismi infantili per la fatica di accettare le richieste esclusive di un neonato o di un bambino di pochi anni che esigono costante attenzione. In queste circostanze i nonni che riescano (non è mai troppo tardi) a superare chiusure e speranze deluse producono un effetto benefico. Giunti, bene o male, a un'età avanzata, possono guardare da lontano e con altro occhio alle difficoltà trascorse, accettare le debolezze, le intolleranze dei figli per avere in cambio il più prezioso, alla loro età, degli scambi affettivi: la presenza di un bambino.

Nonni e nipoti: un rapporto senza pregiudizi

D'altronde, la presenza dei nipotini attutisce rimpianti, rispolvera antichi saperi, giochi e canzoni dimenticate.
Nonni e bambini sono la continuità nel tempo e sono proprio i piccoli, ponte fra le generazioni, a guidare con la loro fiducia istintiva. Vanno incontro al mondo tranquillamente; anzi, si direbbe che il mondo penetri in loro senza fatica, perché non conoscono ancora il giudizio.
Per questo accettano i nonni per come sono. Rughe, passo più lento, vista affaticata, piccole manie o comportamenti strani non sono per loro di ostacolo alcuno. S'intendono senza parole: spesso gli sguardi sono sufficienti.

Un nipote, la più emozionante delle esperienze

Colloquio con Marcello Bernardi, pediatra

• *I padri di queste ultime generazioni hanno molta più confidenza con i bambini piccoli e stanno via via modificando il loro atteggiamento verso i figli. Questo cambiamento incide anche sui nonni?*

Direi di no. Quando parlo di nonni, parlo di gente della mia generazione, che ha vissuto un pezzo di storia abbastanza importante: dalla guerra alla Resistenza; la fine della guerra; la nascita della Repubblica (per parlare solo dell'Italia); lo sfascio della Repubblica; l'improvvisazione di un nuovo che è vecchio; i rapporti internazionali...! Insomma, gente che ha vissuto un panorama storico estremamente incisivo, complesso; disagevole, se vuole, ma interessantissimo.
Ed è gente che, bene o male, ha dovuto, per necessità di cose, sviluppare una personalità abbastanza invulnerabile. È difficile che un uomo di questa generazione venga travolto da una moda. È difficile perché ha una storia dietro di sé, abbastanza importante; ha un'impalcatura di esperienze che non possono essere spazzate via solo da una moda, da un costume!

• *Nemmeno dalla maggiore disponibilità di tempo e dal diminuire delle preoccupazioni?*

Questo è sempre stato di tutti, in tutti i tempi, tranne che per i re, per gli imperatori, per i pontefici. Ma per i nonni qualunque è sempre stato così. Uno degli aspetti più piacevoli del tramonto è quello di uscire da quella fase della vita, che ne costituisce la maggior parte, che viene dedicata a tutto tranne che a se stessi o ai propri simili. È dedicata a tutto il resto.
Come ha detto giustamente Erich Fromm, il famoso psicanalista tedesco: «*Il nostro vitello d'oro, il nostro idolo è diventato ciò che ha meno valore, i soldi*».

Non vi è nulla che abbia meno valore dei soldi; però sono diventati il nostro idolo. Quando uno è sulla strada e si avvia verso quel passo estremo della più estrema età, comincia a capire che il denaro era proprio un vitello d'oro e, quindi, si avvicina molto di più al bambino, per il quale il vitello d'oro non c'è ancora.
E riesce a capirlo di più.
Anche i nonni appartenenti alle categorie meno privilegiate, i meno alfabetizzati, i meno colti, ugualmente riescono a cogliere questa crescente somiglianza con il mondo infantile (non sempre, perché ci sono anche i nonni baroni, i nonni malvissuti, che non hanno saputo invecchiare!)
Però, di solito, i bambini questo lo sentono e nutrono, in genere, nei confronti dei nonni un sentimento diverso da quello che nutrono per i genitori: per i genitori c'è l'amore vero e proprio, per i nonni c'è la tenerezza.

• *Quasi una comprensione, mi pare. Verso i genitori però non c'è.*

Sì, c'è una comprensione fra nonni e nipoti che talvolta manca fra genitori e figli.

• *Che cosa cercano i bambini dai nonni?*

Tutto quello che non hanno dai genitori. L'appagamento dei loro desideri, la rinuncia a 'educare'. Tutto questo.
Ricordo che una volta alla presenza di sua madre e di suo padre in quel momento distratti, la mia nipotina mi chiese: *«Posso andare dalla Nica?» «Ma, scusa, perché lo chiedi a me?» «Perché so che tu mi dici di sì.»*

• *Come armonizzare il rapporto tra i nonni e i genitori? C'è il rischio di intromissioni pericolose per il bambino?*

Spesso! Però la colpa, di solito, non è dei nonni, ma dei genitori, che non sanno rinunciare perché a loro volta sono molto spesso degli 'ipoevoluti' (non sto parlando di patologia, ma di costume!), non riescono a staccarsi dalla famiglia di origine, dimenticano che la famiglia di origine non è più la radice o la matrice, ma un accessorio.
Non lo concepiscono neanche i nonni, di solito!

• *Per i nonni è più difficile ancora, forse, accettare tale distacco.*

Sì, però non è indispensabile che lo accettino. Peggio per loro. Per i genitori, invece, è importante, perché, se non hanno una loro capacità di autonomia, di separazione propria, non possono comunicarla ai figli. E infatti non lo fanno.
Quando ci sono nei figli le due grandi crisi di separazione, una verso i due anni e l'altra nell'adolescenza, anche i genitori non indipendenti vanno in crisi. I figli però li mollano lo stesso; se ne vanno: a due anni conquistando la propria persona, la propria individualità; a dodici, a quindici andandosene fuori dai piedi con gli amici.
È un atteggiamento pericoloso, secondo me, perché nega la libertà dell'individuo, la personalità altrui; è mancanza di rispetto.

• *È incapacità di staccarsi, no?*

Già! Questa invece l'ha detta un architetto: «*Molti genitori sono convinti di essere in servizio permanente effettivo*», come si usava una volta, direi, per i firmaioli dell'esercito.

• *E quindi di avere diritti permanenti, evidentemente.*

Certo, ed è questo l'errore. Come ha scritto Khalil Gibran, poeta libanese: «*I vostri figli non sono figli vostri. Non vi appartengono. Abiteranno in case future che non potrete mai visitare, nemmeno in sogno*».

• *Forse è una possibilità offerta dal maggior affetto fra genitori e figli il fatto di continuare ad avere rapporti senza una separazione così grande?*

Sì, sì, sì.

• *Io sono cresciuta con un'idea precisa di indipendenza e vedo che mia figlia, che adesso si avvicina ai diciassette anni, è sulla stessa strada...*

Certo, certo! Occorre conservare quelle due grandi doti umane che sono la ragione e l'amore. Non basta una delle due, ci vogliono entrambe. Ma non per tutti è così. Amore, magari, quasi tutti, ma ragione pochini, pochini. Qualcuno nemmeno l'amore; qualcuno solo la ragione (terribile!) Però è vero, in fin dei conti esiste un avanzamento culturale, nel senso di un approfondimento degli affetti, che va di pari passo con una maggiore comprensione e una maggiore tolleranza, con una minore possessività. In questo senso (credo di poterlo dire per quanto ho visto dal mio osservatorio di pediatra) mi sembra che la cultura sia andata avanti, nonostante le patologie di cui abbiamo parlato prima tutt'altro che rare!

Nel complesso mi sembra che, pur faticosamente, deviando, cadendo in mille trappole, ci si incammini proprio in direzione della tolleranza, dell'apertura... Almeno, spero!

• *Quale può essere lo stato d'animo più opportuno per favorire questo processo anche da parte di un nonno?*

Il rispetto. Il rispetto per tutti, anche per il nonno, che lo capisce di più, perché sa di essere un individuo a disposizione, non un 'proprietario'. Comodo, si direbbe, non essere proprietari significa non avere responsabilità.

Il nonno, di solito, ne ha molte meno rispetto al genitore. Quindi ha meno pulsioni a impadronirsi della situazione ed è un educatore più valido, perché sta lì a disposizione; si propone, tutt'al più, ma in genere non impone.

Quindi come educatore è molto più efficace, tranne, naturalmente, il caso in cui i genitori siano già loro così. Allora sono genitori ideali.

• *Posso chiederle della sua esperienza personale? Lei è nonno...*

Due volte. Di una Caterina e di un'Anna. Caterina ha dodici anni e mezzo e Anna nove mesi.

Con Caterina, la prima, credo sia stata l'esperienza più bella della mia vita, la più emozionante, pur avendo avuto molte esperienze (in parte tragiche e in parte bellissime) nei miei settantadue anni di vita. Credo che questa sia stata la più incisiva, incredibile.

• *E ha vissuto in un modo particolare, anche con sua moglie, il rapporto con la nipotina?*

Le dirò che mia moglie ed io abbiamo veramente vissuto insieme e anche questa è stata una scoperta comune, condivisa e vissuta insieme. Credo di poterlo affermare. Per me, poi, come pediatra, è stato come ri-

pescare la mia specialità, i miei studi, le mie conoscenze; ritrovare come nasce il linguaggio, come imparano a stare in piedi...
Mi dirà: *«Ma scusi, lei vede tanti bambini»*. È diverso, anche perché Caterina l'ho avuta sotto gli occhi e, giorno per giorno, ho visto quello che faceva.

• *Un nonno che cosa rappresenta di significativo per un bambino?*

Il nonno, se appena appena è una persona civile e se non c'è il sipario impenetrabile costruito dai genitori (come talora accade), è la personificazione del romanzo familiare, della storia cui il bambino appartiene. Il che, tutto sommato, è una bella cosa.

• *Anche perché i bambini hanno davvero bisogno di radici.*

Sì, di radici, intese non come catene, ma come senso di appartenenza a un nucleo affettivo.
E, in questo, le mie nipotine sono fortunate, perché noi abbiamo ricordi di famiglia molto lontani che risalgono al Settecento, con documenti anche del Cinquecento...
Ho per esempio un librettino che il mio bisnonno aveva avuto come premio, quando faceva le scuole elementari. Il mio trisnonno, che si chiamava Pietro, aveva un'osteria, che era l'Osteria dei Tre Mori, nel vicolo dei Birri a Trento, un vicoletto che sbocca nella piazza del Duomo.
Un altro mio antenato fu colonnello dei Dragoni di Napoleone (Gian Antonio, si chiamava), partecipò alla campagna d'Egitto, da dove portò quella statuetta egiziana che è lì, e poi scomparve in Transilvania. Un romanzo che si perde nella notte dei tempi.

I nonni, i nipoti e il mondo attuale

In un mondo come il nostro non è facile essere anziani, così come non è facile essere bambini. È un mondo che va di fretta, in competizione continua e che diventa impaziente davanti ai gesti di un nonno, che si fanno via via più incerti o sbadati.

Il consumismo

Il nonno mal si adatta al consumo sfrenato e allo spreco di oggi: sbuccia con pazienza una mela un po' ammaccata (che il nipotino rifiuta a priori) o conserva con puntigliosa cura minuzie che per i giovani non hanno senso.
«Eh, già, lo sappiamo che hai fatto la guerra...» dicono con polemica ironia davanti all'anziano che ha ancora i pennini di quando andava a scuola o che rimpiange mille piccole cose, oggi introvabili.

Una vita in corsa

Ancorati al passato e scettici sul futuro, gli anziani possono apparire un po' al margine.
Se in famiglia tutti, prima o poi, si adattano ai ritmi incalzanti, loro sembrano i 'diversi', quelli dalle idee 'strane' e dalle abitudini 'sorpassate', magari considerati sostenitori di opinioni antiquate.
Chi ha ragione? Loro che hanno accumulato briciole di saggezza attraverso prove ed errori di tutta una vita (ma spesso hanno il torto di imporle agli altri) o i figli, genitori 'moderni', che vogliono scegliere strade diverse, in opposizione più o meno scoperta, a volte con timore, a volte con impavida crudezza?
Difficile dirlo, anche perché in ogni costellazione familiare sono le sfumature dei rapporti a decidere in merito. È pur vero che spesso si arriva a un compromesso, come quando i più anziani evitano brontolii, nello sforzo di accettare la 'diversità' dei giovani e il loro diritto di sbagliare in

prima persona, oppure quando la casa dei nonni diventa il porto sicuro in cui lasciare un piccolino, altrimenti sballottato qua e là da adulti troppo affaccendati.

In questo caso tra bambini e anziani, sempre che questi non siano ossessivi, irascibili o troppo brontoloni, si crea un filo d'intesa molto importante. Se la intendono.
I loro ritmi, in un certo senso, corrispondono.

'Vittime' giovani e meno giovani

Il rapporto con i nonni non è sempre così idilliaco, ovviamente. Anzi, la realtà è sempre più multiforme: spesso sono proprio gli anziani a essere 'vittime' della TV o acquirenti passivi degli oggetti decantati sullo schermo, e quindi non sanno offrire ai nipoti una compagnia attraente.

Purtroppo cresce anche il numero dei ragazzini saccenti e sgarbati (dove sono i genitori che sanno dire: *«No»* al momento giusto?); di conseguenza, i nonni non li 'sopportano'.

Oppure, semplicemente, i nonni non hanno voglia di 'sacrificare' gli ultimi anni di vita efficiente, ricca anche sessualmente, dietro bambinelli difficili da gestire.

Similitudini e poche differenze

I ritmi

I bambini hanno ritmi tanto più lenti quanto più sono piccoli, ed esigono tempi lunghi per esplorare, ripetere, esercitarsi, imparare.

Gli anziani hanno ritmi rallentati, camminano e parlano più adagio, ripetono facilmente cose già dette: il loro stesso organismo lo richiede.

Quando piegano un tovagliolo o aprono una scatola, i gesti degli uni e degli altri si somigliano.

I cambiamenti

I piccoli non amano i cambiamenti improvvisi, la perdita dei legami; desiderano ritrovare cose già note, persone che fanno loro rivivere momenti piacevoli.

Anche gli anziani si disorientano di fronte a una perdita, a un trasloco, a un mutamento di abitudini imposto dall'esterno. Preferiscono il tran-tran quotidiano, senza troppi scombussolamenti.

La comunicazione

I piccoli arrivano dal corpo materno come stranieri in un mondo a loro ignoto. Creature misteriose, parlano solo un linguaggio corporeo e facciale, non facile da interpretare per chi ha fretta o è distratto.

Gli anziani con i loro ricordi fissi, i rimpianti, sono come stranieri nel loro paese, quasi creature lunari che guardano al passato e che i giovani spesso evitano per la difficoltà di non trovarsi sulla medesima lunghezza d'onda.

Il gioco

I bambini amano il gioco, gli scherzi che fanno ridere, le piccole sorprese.

Anche gli anziani. È per questo che fra loro si stabilisce facilmente una complicità.

Passato e futuro

I bambini, grazie ai nonni, s'innestano nel passato, rafforzano i fili intessuti con i genitori.

Gli anziani ne ricevono in cambio il senso del futuro, speranza e calore affettivo.

Velocità e lentezza

I bambini cambiano velocemente: la nostra società non riconosce riti di passaggio, salvo i 'salti' da un tipo di scuola a un altro (ma non si tratta di riti).
Dati i loro pochi anni di vita, vedono solo il presente, l'immediato, l'aspetto sensoriale delle cose, attraverso il quale penetrano e assimilano la realtà.
Ancora non sanno chi sono, da dove vengono, dove vanno.

Gli anziani cambiano lentamente, cominciano a prendere le distanze dalle cose, diventando presbiti e un po' smemorati.
È come se uno strato protettivo di oblio li aiutasse a distaccarsi, a poco a poco.
A volte acquistano in calma, riflessione, stabilità; a volte sono visitati da nuove paure.

I ricordi d'infanzia si riaffacciano prepotenti come un'antica casa che si torni a esplorare per esserne confortati. Sanno ormai da dove sono venuti e, forse, chi sono. Il 'dove vanno' è ora l'aspetto ignoto e difficile da affrontare.

Le bolle di sapone

Un tempo il sapone consentiva facilmente di fare le bolle; ora non è più così. Ecco una ricetta sicura.

Occorrente

- 1 pezzo di sapone di Marsiglia
- 3/4 di l d'acqua
- 1 cucchiaio di zucchero in polvere
- 4 cucchiai d'olio non pregiato
- 2 recipienti
- 1 colino o della garza
- 1 cannuccia

Realizzazione

Mettete a sciogliere una buona manciata di sapone bianco da bucato (il Marsiglia) tagliato a schegge nell'acqua.
Appena l'acqua sarà diventata lattiginosa (dopo alcune ore), aggiungete lo zucchero in polvere e l'olio. Sbattete con forza e a lungo.
Per essere certi della buona riuscita filtrate il liquido ottenuto in un colino finissimo o attraverso alcuni quadrati di garza.

Le bolle verranno meglio se praticherete quattro tagli sull'estremità della cannuccia da immergere nella soluzione, in modo da 'aprirla' ripiegando i lembi così ottenuti verso il basso.

Perché tanto anticipare e tanto separare?

In Italia, agli inizi del Duemila, prevalgono gli anziani, lo sanno tutti. Infatti l'età media della popolazione è sulla sessantina: un individuo su cinque (neonati compresi) ha sessant'anni.

Se da un lato appare questo dato certo, dall'altro si osserva una preoccupante spinta ad anticipare le tappe della vita, a far crescere in fretta i bambini. *«Per quale fine?»*, viene da chiedersi.

La competizione

La logica della competizione produttiva mette fretta al bambino fin dalla nascita, separandolo dalla madre, come se fosse subito pronto a fare a meno di lei, scoraggiando l'allattamento al seno nei primi giorni e accelerando il divezzamento (a pochi mesi già carne, farine, legumi, sia pure omogeneizzati, ma con quali rischi per la salute!)
I più piccoli vengono poi inseriti senza molti complimenti nelle istituzioni, perché 'imparino a socializzare'. Se piangono, non importa: devono abituarsi per tempo. A cinque anni sono immessi nelle 'primine' oppure, arrivati in terza o quarta elementare, vengono persuasi (o costretti di fatto) a 'saltare' una classe.

All'interno di queste situazioni la rincorsa è continua: vengono messi a sedere o in piedi prima del tempo; a due anni viene loro insegnato a nuotare e a tirare calci a una palla; prima dei sei vengono avviati a un'attività agonistica. Senza contare le pressioni scolastiche perché imparino al ritmo stabilito dai maestri.
Così i bambini si adeguano sia alle chimere dei genitori sia alle norme ministeriali che regolano la vita nelle scuole. Crescono forse troppo in fretta, perché la loro infanzia è abbreviata dall'assenza di gioco libero, non ammaestrato, e il tempo personale dell'imparare, del leggere, del riflettere è sempre più ridotto.

L'eterna giovinezza

Al polo opposto la vecchiaia viene negata, rimossa: tutti in jeans, tutti a correre finché si può.
In questa società giovanilistica non è lecito attardarsi e, se i bambini devono sbrigarsi a crescere, per gli adulti è quasi una vergogna entrare negli 'anta'.
La vita perde a poco a poco la sua equilibrata continuità biologica; diventa asimmetrica e come svuotata.
Davvero vale la pena tutto questo 'bruciare le tappe'?

La divisione in gruppi

Un'altra tendenza del nostro vivere collettivo è quella a 'raggruppare', il che talvolta avviene in modo arbitrario.
Un tempo, per esempio, gli scolari venivano divisi per sesso; oggi innanzi tutto per anno di nascita, poi per livelli di 'apprendimento', ossia per capacità di studio.
Pensiamo ai bambini (o ai ragazzi) rigidamente suddivisi per età nelle classi: si ritiene più facile addestrarli e trasmettere loro nozioni, puntando sulla competizione fra loro.

La perdita dei legami affettivi

Fin dall'asilo nido e dalla scuola materna i bambini si trovano immessi in gruppi in cui le somiglianze prevalgono sulle differenze e lì incontrano tanti adulti a rotazione, per lo più donne.

Il guaio è che il cambiamento continuo e le separazioni ripetute frantumano i legami affettivi. I piccoli perdono sia gli adulti di riferimento sia i compagni, ovvero tutti quei 'punti di repere' che potrebbero diventare, nelle difficoltà quotidiane e nell'estraneità dei luoghi, fattori di stabilità affettiva.
Per di più crescono separati dai genitori e dai fratelli, se ne hanno, per la maggior parte delle ore diurne e, massimo dell'assurdo, tanto più quanto più sono piccoli. Non si vive più insieme: ciascuno *immagina* la vita dell'altro, ma non la conosce direttamente.

L'isolamento degli anziani

La stessa separatezza riguarda gli anziani: se vengono lasciati nelle case di riposo, che sono luoghi di noia e di attesa dolorosa, non vedono più nulla della vita reale che si svolge fuori.

A volte la 'separazione' vige anche in famiglia. Se i nonni sono in casa e si stabilisce un rapporto privilegiato tra loro e i nipotini, può talvolta capitare che i giovani genitori tendano a ostacolare in qualche misura questo legame: è come se in essi insorgessero gelosie possessive, originate probabilmente da nodi irrisolti della loro condizione di figli.

Il guaio è che questo 'privatizzare' il bambino, sentirlo come proprio in modo esclusivo, porta a restringere il mondo di relazioni affettive, blocca sul nascere altri legami forse più duttili e tolleranti, o anche apprensivi senza ragione ma comunque diversi: il risultato è in ogni caso un impoverimento.

Divisioni arbitrarie

Se guardiamo alla realtà biologica che si ritrova negli animali, nelle piante, nella storia stessa della Terra, dall'infanzia alla vecchiaia l'esistenza si svolge secondo una sua gradualità, in un intrecciarsi di tanti incontri diversi.
Mentre noi costruiamo divisioni artificiose, i piccoli con la loro nascente sensibilità colgono in qualche modo e cercano la mirabile continuità della vita.

Padre, se anche tu non fossi il mio padre,
per te stesso egualmente t'amerei.
Ché mi ricordo d'un mattin d'inverno
che la prima viola sull'opposto
muro della tua camera scopristi
e ce ne desti la novella allegro.
Poi la scala di legno tolta in spalla
di casa uscisti e l'appoggiavi al muro.
Noi piccoli stavamo alla finestra.

E di quell'altra volta mi ricordo
che la sorellina, bambinetta ancora,
per la casa inseguivi minacciando
(la caparbia avea fatto non so che).

Ma raggiuntala che strillava forte
dalla paura, ti mancava il cuore:
ché avevi visto te inseguir la tua
piccola figlia, e tutta spaventata
tu vacillando l'attiravi al petto,
e con carezze dentro le tue braccia
l'avviluppavi come per scamparla
da quel cattivo ch'era il tu di prima.

Padre, se anche non fossi il mio padre,
fra tutti quanti gli uomini già tanto
pel tuo cuore fanciullo t'amerei.

(C. Sbarbaro *Padre, se anche tu non fossi...*, da *Pianissimo*,1914,
in *L'opera in versi e in prosa*, Garzanti, Milano)

Tra madre e figlia

È strano, al di là di tutte le affermazioni di indipendenza, non ho mai sentito mia figlia così vicina come ora che le è nato il primo bambino.

(Un'osservazione frequente da parte delle neononne)

È come se quel complicato processo emotivo che accompagna il diventare madri portasse molte giovani a tornare indietro nel tempo per recuperare parte di loro stesse e, insieme, a cercare conferme nei sentimenti che forse anche le loro madri hanno provato.

«Com'era ai tuoi tempi?» «Che cosa facevi?» A volte le domande sono esplicite, a volte meno.
Spesso, quando sua madre è stata iperprotettiva e soffocante per le sue premure, la figlia si comporta in modo opposto. Si è sempre sentita piccolina in confronto a lei e ora, se ce la fa, vuole assumere il ruolo adulto che le spetta; vuole fare a meno di lei.
In altri casi l'incontro tra passato e presente è una scoperta ricca di sorprese.

Di generazione in generazione

La presenza d'una figlia! Curioso come solo nella terza età ci si renda a volte conto di quanto questa giovane presenza femminile, con i suoi abbracci e le sue rabbie, ci abbia arricchito negli anni.

Lei che ha percorso, in un mondo già diverso, una strada simile alla nostra quanto a sentimenti e a risentimenti, ora ha un figlio suo e deve 'inventarsi' a modo proprio il mestiere di madre. Percorso inevitabile. Eppure tanto di sua madre e forse di sua nonna riecheggia in lei, anche quando fa esattamente il contrario di quello che, allora e oggi, le anziane avrebbero fatto.

Il sostegno affettivo e materiale

È facile constatare come oggi le famiglie giovani siano spesso sole e sprovvedute davanti alle emergenze della vita; hanno bisogno di appoggiarsi affettivamente o anche materialmente alle famiglie d'origine, ed è proprio alla nascita dei figli che le nonne tornano alla ribalta, si spera senza assumere toni di concorrenza sleale e di rivincita che non gioverebbero a nessuno.

Oltre tutto, il sostegno, che è soprattutto di natura affettiva, non può venire dalle strutture pubbliche che hanno tutt'altro compito. Di nuovo l'aridità è in agguato.

La rivalità

C'è però un altro aspetto del problema: la nonna giovane, appena entrata negli 'anta', che si sente donna a pieno titolo, con un suo lavoro gratificante, energica e in buona salute, ha forse poca voglia di entrare nel ruolo di baby-sitter: è disponibile, ma fino a un certo punto; aiuta, consola, ma non vuole rinunciare alla propria vita, a occupazioni che la soddisfano.
Può darsi che allora tra madre e figlia insorga una rivalità, non tanto di tipo materno («*Chi delle due è più brava con il neonato?*») quanto di tipo femminile («*Non voglio diventare vecchia prima del tempo*»).

Egoismo? E chi può arrogarsi il diritto di giudicare? È cambiato il senso del dovere, e 'fare la nonna' non può più essere un obbligo.

Un'intesa

Un proverbio, tutt'altro che moderno, dice: «*Trulli trulli, chi li fa se li trastulli*» ed è forse buona risposta a chi 'usa' gli anziani senza troppi riguardi.
Oggi che tra le generazioni c'è una maggiore schiettezza di rapporti, si tratta di trovare un'intesa, una forma di reciproco aiuto, senza dar nulla per scontato. È così che si assicura al bambino quella continuità di presenze e di affetti che è essenziale per la sua sicurezza di base.

Caramelle fatte in casa

Ingredienti

- 200 g di zucchero
- 1/2 bicchiere d'acqua
- 1/2 bicchiere di aceto bianco

Occorrente

- 1 padella antiaderente
- 1 cucchiaio di legno
- 1 coltello
- un piano di lavoro o un tagliere di marmo

Mettete lo zucchero nella padella, bagnatelo con l'acqua e con l'aceto, collocate la padella sul fuoco e rimestate finché lo zucchero sia sciolto; schiumatelo bene, abbassate il fuoco e lasciatelo cuocere a fiamma lenta, senza più toccarlo, finché una goccia di sciroppo gettata nell'acqua fredda diventi subito dura e croccante (sesto grado di cottura o caramello).

Lo zucchero deve avere un bel colore dorato. Se passa di cottura assume un sapore amaro e s'indurisce subito.

Versate lo zucchero sul tagliere di marmo che avrete unto con una goccia d'olio di mandorle e asciugato con una carta.
Tracciatevi quindi con un coltello caldo delle righe orizzontali e verticali in modo da formare tanti quadratini regolari che, appena raffreddati, si staccheranno facilmente.

Le caramelle si conservano in vasi di vetro ben chiusi.

Per profumarle

Con la vaniglia Aggiungete allo sciroppo, mentre bolle, una bustina di vanillina, o usate, invece dello zucchero semplice, lo zucchero vanigliato.

Con l'arancio e con il limone Unite allo zucchero semplice un buon cucchiaio di zucchero aromatizzato con il sugo di questi agrumi.

Con il sugo di mele Bagnate lo zucchero con il sugo ottenuto passando a un setaccio finissimo delle mele cotte.

Con il ribes e con il lampone Unite allo sciroppo giunto al quinto grado di cottura (che si ha quando, immergendo un bastoncino di legno nello zucchero che bolle e subito dopo in acqua fredda, lo zucchero si stacca e si spezza) e tolto un momento dal fuoco 1-2 cucchiai di sciroppo di questi frutti.

Con il rhum o con l'essenza di punch Procedete come sopra, aggiungendo 1-2 cucchiai di liquore quando lo sciroppo è giunto al quinto grado di cottura.

Con le essenze forti di menta, di comino, di anice, di rosa, eccetera Aggiungete 2-3 gocce allo sciroppo giunto al quinto grado di cottura.

Con il caffè Aggiungete allo sciroppo giunto al quinto grado di cottura 1-2 cucchiai di caffè fortissimo o bagnate lo zucchero con del caffè.

Con la cioccolata Unite allo sciroppo giunto al quinto grado di cottura 30 g di cioccolata sciolta in poc'acqua.

(Ricette ispirate da *Manuale di cucina, pasticceria e credenza per l'uso di famiglia,* 1910, Premiata Tipografia-Libreria Emiliana, Venezia)

La nonna in mezzo a noi

La casa era modesta, la famiglia numerosa; quindi i problemi non mancavano. A tavola si discuteva, si discuteva. A volte i toni erano accesi, ma c'era una buona intesa di fondo.

Quando la nonna, non riuscendo più a camminare, finì per passare gran parte del tempo da sola, sdraiata nella sua stanza, la decisione fu unanime. «Portiamo qui il suo letto, nel tinello, così sta sempre con noi», aveva detto una delle ragazze, abituata a vedere la nonna sempre in cucina a trafficare, a chiacchierare con gli altri e a farsi ascoltare. In due mesi si era già molto intristita, e parlava sempre meno.

Qualcuno rispolverò e riverniciò un vecchio separé, buono per le emergenze sanitarie. Qualcun altro aiutò per il trasloco dei mobili, rinunziando a un'amata quanto vecchia poltroncina che poteva costituire un'alternativa al letto. La nonna passò così gli ultimi tre anni di vita sempre in mezzo agli altri.

Era contenta se qualcuno le metteva davanti la verdura da pulire, le mandorle o i piselli da sgusciare. Le sarebbe piaciuto preparare gli antichi dolci per le feste, ma sarebbe stato troppo complicato. Si limitava a dirigere dal suo letto i lavori, guidando le nipoti perché nemmeno un dettaglio venisse trascurato, e tutto conservasse il sapore della tradizione…

Aspetti della convivenza

Il contrasto tra le generazioni non è lotta inevitabile tra due epoche o tra due età. È piuttosto il conflitto tra un giusto desiderio di libertà e un'autorità che in modi diversi continua a imporsi; è il contrasto tra una molteplicità di interessi sempre nuovi che viene dai giovani e una delusione di fondo dovuta all'eccessivo mutare delle consuetudini. Se, invece di giocare all'opposizione sistematica, i due fronti cercassero i punti d'incontro, forse i 'no' e i 'sì' si smorzerebbero e la convivenza sarebbe più facile.

Poi ci sono i consigli, da entrambe le parti. Quelli che si vorrebbero dare. Quelli che si possono dare. Non sono gli stessi, anche se a volte coincidono. Talvolta una delle parti in lotta chiede un parere proprio su ciò che l'altra avrebbe da tempo voluto dire. Non vale la pena di sottolinearlo.
Il vecchio adagio: «*Non mi date consigli, so sbagliare da me*» va tenuto presente nella costellazione familiare per alleviare il peso della convivenza e le ferite.

Vivere insieme conviene?

Le statistiche più recenti dicono che meno del 20% di anziani vive oggi con i giovani. Gli appartamenti moderni non favoriscono certo tale soluzione e, d'altra parte, in molti casi si preferisce l'indipendenza a un faticoso convivere.
Il tipo di famiglia più diffuso continua a essere quello nucleare: due genitori, o uno singolo, con uno o due figli. Gli scambi all'interno si fanno stretti e questo a volte comporta impoverimento, chiusura difensiva verso l'esterno, sentimenti di orgogliosa autarchia.

Eppure tutti possiamo aver bisogno di aiuto, e quindi anche i nuclei domestici che si sentono saldi nella loro piccola fortezza devono talvolta allargarsi, magari per accogliere un anziano che non si vuole rinchiudere in un ricovero, anche di buon livello, ma in ogni caso assai malinconico.

Le possibili soluzioni abitative

In questi casi è molto importante, per star bene tutti, cercare soluzioni abitative che assicurino a ciascuno la reciproca indipendenza.
La sistemazione ideale consisterebbe nell'avere due alloggi contigui (per esempio uno grande per la famiglia in crescita, uno più piccolo per la persona anziana). Potrebbero essere divisi da un pianerottolo, da un terrazzo o disposti su due piani, con una scaletta, interna o esterna.
Un'altra soluzione potrebbe essere un unico appartamento con i servizi separati, diviso in due parti da un corridoio. Si tratta di forme pratiche di coabitazione che architetti e costruttori cominciano oggi a prendere in considerazione nella progettazione di nuovi edifici.

Se la convivenza sotto lo stesso tetto può essere pesante semplicemente per la differenza di vedute tra le due (o le tre) generazioni, una vicinanza realizzata con una struttura intelligente potrebbe risultare di grande vantaggio per tutti, anche per un piccolino che, ottenuto il consenso dei genitori, alzi il citofono per chiedere: «*Nonno, posso venire da te*?»
A conti fatti, potrebbe valere la pena spenderci un po' di denaro.

La convivenza

Ovviamente non è sempre possibile, per ragioni economiche soprattutto, risolvere così il problema.
Allora, forse, bisogna usare in modo creativo uno scaffale o un comò per separare senza isolare, per organizzare piacevoli angoli di intimità in cui sia possibile ritirarsi senza offesa per nessuno.
È anche vero che, alla fine dei conti, per vivere insieme di buonumore, non è tanto essenziale la soluzione logistica (il numero di stanze, la libertà reciproca degli orari, il doppio telefono o il doppio televisore...) quanto il livello di maturità affettiva e di civiltà nei rapporti umani che tutti i membri del gruppo familiare hanno raggiunto. Si può litigare vivendo in un castello solo perché si carica ogni dialogo di risentimenti e di rimproveri e, invece, andare d'accordo in situazioni familiari in cui un nonno divide la stanza con un nipote (ma ha un suo angolino con tanto di paravento e di mensole per le proprie cose). Senza fare moralismi, è la capacità di adattamento la chiave di volta del problema.

Un villaggio per ogni bambino

A volte i nonni non ci sono più o sono così lontani che si vedono molto, troppo di rado.

È un peccato, perché viene a mancare quel senso di continuità familiare che fa sentire ben salde le proprie origini.

Però nelle vicinanze ci possono essere zii e prozii, cugini di vario grado e di varie età, oltre che amici anziani.

Una rete di adulti affettuosi

Certo, non è la stessa cosa, ma per i bambini è comunque essenziale sentirsi circondati, come ha ricordato di recente il pediatra americano Berry T. Brazelton, da una «*rete di adulti affettuosi*», una protezione in più dalle difficoltà del mondo esterno.

Questa rete va costruita con pazienza, creando le occasioni di incontro e le circostanze piacevoli per conoscersi e per ritrovarsi (anche se a volte un po' faticose).

> *Per fare un bambino ci vuole un intero villaggio.*
>
> (Antico proverbio africano)

Bellissima immagine. Il villaggio sarebbe per il bambino il luogo protetto, la dimensione comprensibile.

Invece c'è la città o, addirittura, il mondo intero tramite la TV, mentre la famiglia si rimpicciolisce (e si immiserisce) progressivamente perché mancano i fratelli o gli altri adulti della famiglia.

Vogliamo provare a ricostruire attorno ai nostri figli il villaggio?

Balla balla

Vi proponiamo un antichissimo giocattolo della tradizione popolare, presente in tutte le regioni italiane, con il quale far divertire i vostri bambini (e voi con loro).

Occorrente

- 1 canna di bambù del diametro di circa 1,5 cm
- 1 foglio di carta
- 1 barattolo di colla
- 1 bicchiere d'acqua
- 1 seghetto
- 1 coltello a serramanico

Realizzazione

Tagliate la canna in modo da avere una parte aperta e l'altra chiusa dal nodo. In prossimità del nodo fate con il coltello un buco di circa 0,3 cm. Con la carta inzuppata di acqua e colla preparate, arrotolandola fra le palme delle mani, una pallina del diametro di circa 1,5 cm. Quando la pallina è asciutta appoggiatela sul buco e soffiate nella canna in modo leggero e costante: la pallina comincerà a danzare sospesa per aria fino a quando avrete esaurito il fiato.

(Liberamente tratto da P. Catta e G. Perempruner *Ieri giochi domani*, ElleDiCi, Torino)

I trampoli

Sono oggetti molto semplici da realizzare, e otterranno certamente un grande successo presso tutti i bambini.

Occorrente

- 2 latte vuote di pomodori pelati
- 1 gomitolo di spago
- 1 punteruolo

Realizzazione

Praticate sulle latte con il punteruolo due fori diametrali. Infilate in essi lo spago e annodatelo, facendo attenzione a che sia abbastanza lungo perché possa servire da maniglia. A questo punto i trampoli sono pronti da usare.

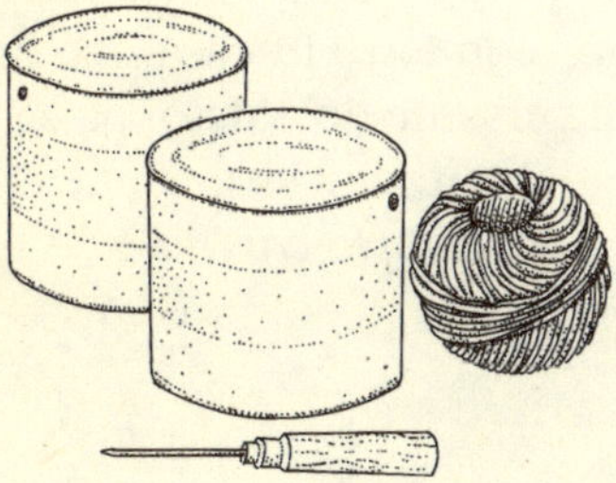

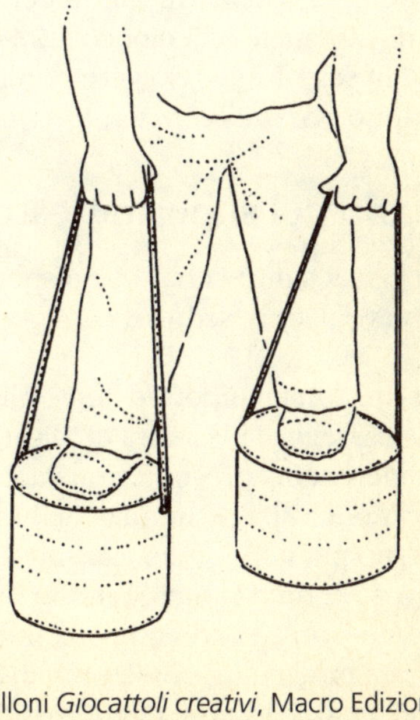

(Liberamente tratto da R. Papetti e G. Zavalloni *Giocattoli creativi*, Macro Edizioni, Forlì)

Nonni consumisti?

Uno dei vezzi più comuni e diffusi è quello del lasciarsi andare a critiche anche fondate sugli sprechi, sul consumo sfrenato di ogni genere di cose, per cadere poi negli stessi errori per abitudine («*Cambiare è faticoso!*»), per compromesso («*Lo fanno tutti*»), per non essere giudicati fuori moda («*Bisogna adeguarsi ai tempi*») o per altri motivi ancora. Chi è esente da questa colpa, 'acquistare beni superflui', scagli la prima pietra.

I nonni, pur legati al passato, non sfuggono a questa tentazione; rimpiangono forse un uso più parco del denaro e degli oggetti, però anche loro inondano gli adorati nipoti di doni superflui: un giocattolino ogni volta che si va a trovarli; un dolcetto (no, non fatto in casa, ma il sacchetto di caramelle o di cioccolatini o, sul versante del salato, patatine e pizzette in scatola: spesso vere porcherie dal punto di vista alimentare); un vestitino («*Sì, ne ha tanti, ma questo era proprio carino*»).

Il fascino del supermercato

Perché lo facciamo? Perché oggi spendere preoccupa meno d'un tempo o perché vogliamo 'sedurre'?

Oggi uscire con un nipotino non è più andare semplicemente ai giardini o fare una passeggiata. Sembra obbligatoria una sorta di compenso: un gelato, una merendina preconfezionata, meglio se con regalino all'interno. Non si va più a spasso in qualche luogo per fare vecchi o nuovi incontri (dove sono più nelle città i giardinetti sicuri per i bambini?), ma al supermercato dove tutta la merce messa in esposizione non fa che dire: «*Prendimi, prendimi*». Si creano nella mente infantile una continua attesa di oggetti, una mentalità possessiva che i bambini, proprio perché non conoscono ancora il valore del denaro, assorbono e considerano ovvie. Di questo noi adulti siamo direttamente responsabili. Per un piccolino gli oggetti si prendono, si mettono nel carrello e si portano via. Non sa che cosa comporti tale gesto, né può capire, anche se è più grandicello, che dietro a quegli oggetti c'è il lavoro di altri uomini e donne e perfino bambini, che i prodotti esotici vengono da paesi impoveriti dal consumo sfrenato di altre nazioni (tra cui la nostra) che esigono fragole e pomodori tutto l'anno.

E nemmeno può rendersi conto dei guai arrecati dalle montagne di rifiuti non riciclabili derivati dagli stessi acquisti: vaschette in polistirolo, barattoli in metallo, fogli in plastica leggera o pesante, scatole, scatoline, scatolette in cartone plasticato...
Sono evidenti lo spregio, l'ignoranza nei confronti della natura: dove va tanto scarto? È come se avessimo perso il senso collettivo e individuale della responsabilità: da un lato si raccontano ai bambini le ristrettezze di infanzie lontane, dall'altro si insegna loro il diritto a un'insaziabilità tutta esteriore. Si comprano solo indumenti firmati, solo giocattoli presentati alla televisione, solo alimenti raccomandati dalla pubblicità.

Un'educazione ecologica

Se ci fermiamo a riflettere, forse riusciamo a cambiare anche un piccolo dettaglio nelle nostre abitudini, per esempio dicendo: «*No, grazie*» al sacchetto di plastica inutile o evitando prodotti con contenitori non riciclabili. Spieghiamo ai bambini le nostre scelte ecologiche, ma senza fare moralismi sugli uomini cattivi che distruggono le foreste e uccidono i delfini. Possiamo insegnare loro con semplicità come proteggere una pianta, un giardino o un angolo di bosco.

Un'educazione all'attesa

Si tratta anche di comunicare ai piccoli l'importanza di rinviare, a volte, i propri desideri. Saper aspettare (lo sbocciare d'un germoglio come qualsiasi altra cosa) in questo tempo del 'tutto e subito' fa parte di una maturazione individuale che non è del piccino dei primi mesi, ma che deve essere già presente nella mente degli adulti che gli sono intorno. Il tempo passa presto e già intorno ai due anni, davanti alla spiegazione calma, convincente e ripetuta di un adulto, il bambino mostra di saper frenare qualche suo desiderio, tanto più se constata di potersi fidare dei grandi di casa.

Le parole dei bambini

Il bambino s'incanta di fronte alle parole, alle piccole cose dimenticate in un cassetto, alle meraviglie che le mani d'un nonno industrioso sanno inventare e costruire. A sentire i racconti dei piccoli a scuola spesso si coglie la bellezza di questo rapporto, l'ammirazione e il rispetto spontanei, di cui peraltro gli anziani hanno tanto bisogno nel terzo tempo della loro vita. Ecco alcuni esempi.

La mia nonna mi ha fatto con la lana i vestiti di Cicciobello e io ho attaccato i bottoni.

(Elisa)

Invece la mia nonna ha detto che l'orso non doveva stare per terra e così gli ha fatto un letto con la scatola delle scarpe.

(Marco)

Io ci vado con nonno Carlo tutti i giorni al treno e lui mi dice tutte le cose...

(Paolo)

La mia nonna Ada mi canta le canzoni di quando ero piccola e poi certe volte piange un po', ma dice che è contenta.

(Sandra)

Mio zio vecchio (un prozio) mi ha regalato una scatola delle bottiglie con il lucchetto; ci abbiamo messo dentro tutte le macchinine in fila.

(Matteo)

L'importanza della presenza

I piccoli sanno apprezzare la presenza tangibile d'un adulto accanto a loro. Non giudicano l'altro in base all'età, al grigio dei capelli, al vestito magari un po' 'fuori moda'. L'attenzione che chiedono trova risposta. A loro piace chi racconta con pazienza, ripete senza annoiarsi, ascolta,

Le arance che corrono

Avete osservato che nei negozi di frutta e verdura spesso le arance sono avvolte in una speciale carta oleata, molto leggera?
Serve a proteggerle dalle muffe; noi, invece, possiamo utilizzarla per giocare.

Occorrente

- Alcune arance avvolte nell'apposita carta

Realizzazione

Raccogliete queste carte. Arrotolatele ai quattro angoli per 2-3 cm.
La parte circolare che risulterà all'interno va bombata, tanto da contenere un'arancia, scelta tra quelle del tutto rotonde.

Mettetela a terra con il suo 'cappellino' e datele una leggera spinta.

L'effetto sarà esilarante: una specie di tartarughina veloce!

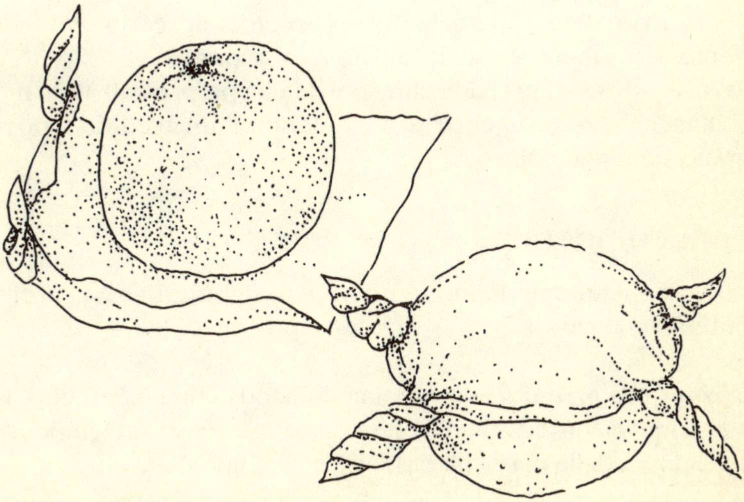

consola. Spesso oggi sono solo i nonni a farlo, quando ci sono. Soprattutto per un bambino i cui genitori sono separati, la nonna o il nonno possono rappresentare la stabilità.

Nel mare delle incertezze e delle inquietudini in cui si dibattono sia il genitore che vive solo sia il bambino che non capisce bene che cosa stia accadendo (ma percepisce esattamente l'assenza di qualcuno che gli è caro), il legame con gli anziani, purché siano sereni e non vendicativi, può essere fondamentale per la tranquillità e l'equilibrio di tutti.

Il vantaggio della 'diversità'

Certo la diversità tra genitori e nonni esiste, e non solo quella fisiologica dovuta all'età: c'è la diversità dei ricordi di tempi forse più tranquilli sul piano familiare, ma anche carichi di maggiore conformismo; c'è la diversità delle idee, inevitabile da una generazione all'altra.

D'altronde un anziano non sempre ammette serenamente che ci sono aspetti positivi nel modo attuale di educare. Riconoscerlo significherebbe sconfessare talune scelte della propria vita passata...
Tuttavia, se non ci sono rigide chiusure da una parte e dall'altra, ma piuttosto capacità d'ascolto, chiarezza e tolleranza, un accordo è possibile, con molti vantaggi reciproci.

I nonni come tramite

Ai nonni va comunque riconosciuto il ruolo significativo e insostituibile di tramite con il passato.

«*Che cosa c'era prima di me?*» è una domanda che i bambini pongono quando cominciano a cogliere con precisione il senso del tempo, del prima e del dopo, delle cose che nascono e che muoiono.

Affascinati da questa scoperta, chiedono insistentemente, e i nonni che sanno rispondere con semplicità e raccontare soddisfano tale esigenza. Creando legami, soprattutto affettivi, con le storie di famiglia, con i ricordi di un'infanzia lontana, incredibile per i bambini di oggi: il tempo in cui si giocava per le strade e nelle piazze e le giornate scorrevano dense di costruzioni fantastiche, senza quello spettacolo perenne e seduttivo che è la televisione.

Presso altri popoli si è molto attenti ai vincoli con il proprio passato, alla storia degli antenati. Da noi questo manca, e spesso i bambini sanno assai

Una bella lucertolina...

È un gioco semplice e divertente da fare con le dita del bambino, che deve tenere il gomito appoggiato a un tavolo e l'avambraccio verticale, con la mano allineata al polso.

Una bella lucertolina è passata da queste parti
(con il proprio indice si passa in orizzontale attraverso tutte le dita)

Questo l'ha vista
(si prende il pollice)

Questo l'ha presa
(si prende l'indice)

Questo l'ha spaventata
(il medio)

Questo l'ha fatta scappare
(l'anulare)

E il più piccolino niente?
(il mignolo)

Niente!
Chi-ri-chi-richi!
(si porta il proprio indice velocemente al centro della palma del bambino)

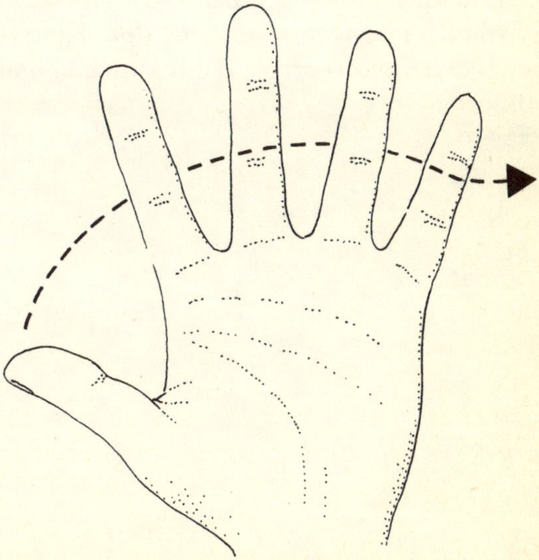

poco dell''albero' da cui provengono. Tutt'al più arrivano ai bisnonni. Gli stessi adulti raccontano poco.
Eppure anche questo è un legame importante: la conoscenza 'storica' che si apprende sulle ginocchia d'un nonno lascia un'impronta di curiosità verso le proprie origini che è ancora amore, e comunque aiuta a sentirsi parte d'un comune destino.

Il bisogno di una risposta

Pur senza cedere a sterili rimpianti, gli anziani possono dare molto, e non solo ai bambini. D'altro canto si aspettano qualcosa dai più giovani. Il desiderio di carezze e di contatto è in loro intatto, come nelle precedenti stagioni della vita.

Forse non ci si rende conto che il loro bisogno di dare e di ricevere amore (anche nella sfera sessuale, malgrado i tabù e i moralismi) permane negli anni.
I sentimenti non invecchiano, ed è forse questo il segreto di un'eterna giovinezza interiore, quella che dobbiamo riscoprire di continuo in noi, per accettare lo scorrere del tempo e la consapevolezza che non siamo immortali.

Tanti anni fa...

Oggi il nostro modo di vivere, 'produttivo' e veloce, ci porta a trascurare la storia della nostra famiglia.
Catturati da un mondo televisivo che ci distrae e ci assorbe in favole inverosimili, le nostre vicende familiari rischiano di sembrarci scolorite, insipide, e finiamo per allontanarci dalle nostre stesse origini.
A questo proposito, vale la pena di raccontare una storia diversa.

Anna

Anna, venticinque anni, madre di due bambini, sente l'importanza delle radici familiari, come patrimonio vivo da comunicare via via ai figli.

Ha interrogato i suoi genitori, per quanto erano in grado di ricordare, circa i loro ascendenti. Nel caso di suo marito è riuscita a raccogliere notizie fino alla terza generazione. Ha trovato fotografie un po' sbiadite, ritagli di giornale; ha intervistato una zia ottantenne, sorella maggiore della nonna, felice di rivangare tempi così lontani.

Alla fine ha disegnato l'albero genealogico delle due famiglie, la sua e quella del marito, dove figurano degnamente fra gli altri un bisnonno cocchiere, una trisavola operaia in filanda e una nonna straordinaria modista.

Quanto alle vecchie foto color seppia, anziché rinchiuderle in un cassetto, le ha montate in quadretti, disponendole con garbo in un angolo della casa, insieme con le colorate immagini di lei e di suo marito fidanzati, dei bambini, di amici.

Il piccolo, con il dito teso, non si stanca di chiedere: «E questo chi è?» «E questo?» Vuole sentire più volte del bisnonno che guidava la carrozza. Una storia che la nonna paterna racconta sempre con divertito piacere.

Come costruire un albero genealogico

Disponete un largo foglio in orizzontale e partite mettendo al centro, in basso, il vostro nome.

Accanto scrivete quello del vostro eventuale compagno o compagna e sotto, uniti con delle linee ai vostri nomi, quelli dei figli.

Poi scrivete lateralmente ai vostri i nomi dei fratelli e, sopra, quelli dei quattro genitori, dei loro fratelli e rispettivi coniugi; sopra ancora scrivete i nomi dei nonni e così via.
Ogni generazione deve risultare su uno stesso livello.

Più di quanto non si creda, una tale ricostruzione ha un effetto pacificante con la propria storia.

Chiedete aiuto ai vostri familiari, e cercate di reperire quante più informazioni potete riguardo anche a mestieri e professioni, episodi curiosi, misteri.

A poco a poco il mosaico si ricostruirà: vi darà la chiarezza e la tranquillità che desiderate.
Potrete allora guardare al vostro contesto familiare con occhi diversi.

Una famiglia è molto più che una somma di individui. Come nella mano ogni dito è diverso dall'altro nell'aspetto e nelle abilità, così in una famiglia ciascun membro, pur nei tratti simili, sviluppa una propria personalità e coglie della convivenza comune aspetti che agli altri restano nascosti. Ciascuno dal proprio mondo interno, speciale osservatorio personale, vede e sente cose diverse della vita di casa.

Di conseguenza trattiene nella memoria frammenti personali di notizie, date, volti che ad altri, anche affettuosamente vicini, possono risultare indifferenti; il fatto di essere il primo o il secondo figlio, di aver conosciuto o meno il nonno o i genitori in un periodo di vita emotivamente (o economicamente) diverso, di aver vissuto in un casa o in un'altra, segna in profondità la memoria più antica della persona.
Nulla è indifferente.

Ed ecco allora che, se vogliamo ricostruire il mosaico della nostra famiglia, dobbiamo allargare il più possibile le nostre domande, senza pensare che l'altro sappia *'le stesse cose che so io'* o che sia inutile chiedergliele.

Non è mai così, e le risposte personali che gli altri possono darci risultano alla fine molto ricche di sorprese.

Andare in pensione

Per molti di noi è un piacere, per altri un dolore. Dipende dal tipo di occupazione, dalla fatica, dalla rete di amicizie, dalla solitudine che ci aspetta. Si dice: «*Prepararsi al pensionamento per non trovarsi dall'oggi al domani con un vuoto che sconcerta fino alla depressione*».

Uomini e donne

Spesso per le donne, più abituate degli uomini a lavorare con le mani, a industriarsi in casa, è più facile, anche se oggi è proporzionalmente minore il numero di coloro che lavorano a maglia, ricamano, fanno vestitini o coltivano fiori.
Non è comunque casuale che, nella terza età, riemerga la distinzione tra lavori femminili e maschili.

È invece in crescita la schiera di coloro, uomini e donne, specialmente 'giovani' pensionati, che leggono, si iscrivono a corsi d'ogni tipo, frequentano musei e palestre, intraprendono viaggi, gustano insomma una tranquilla libertà che fino a quel momento non si erano mai concessi.
(E magari c'è chi li giudica male, per questo!)

Che cosa fare?

Andare in pensione e non essere messi da parte, non sentirsi vecchi, questo è il vero problema. Come reagire al senso di sconfitta sempre in agguato in un tessuto sociale iperproduttivo e accelerato in modo assurdo?
Ebbene, tutta una vita di esperienze può essere messa a frutto in modo diverso. Se nella civiltà contadina gli anziani erano l'autorità e anche il deposito della saggezza familiare e sociale, oggi si parla di 'terza età' come di un tempo attivo e pronto alla scoperta al pari degli altri, e non solo a proprio vantaggio.

Il volontariato

Le associazioni di volontariato, per esempio, permettono di scegliere tra diverse attività: portare conforto in ospedale a malati soli, bambini o adulti; offrirsi come aiuto in una biblioteca rionale o leggere a un non-vedente; aiutare madri che non sanno a chi affidare i loro figli; fare iniezioni o preparare il pranzo a chi non può permettersi un aiuto a pagamento, eccetera.

Attività ricreative

Anche attività ricreative o non particolarmente faticose, come entrare a far parte di un coro o fare la guida turistica nella propria città, possono essere delle risorse.

Ogni città offre possibilità diverse: basta cercare. Se niente ci soddisfa, perché non inventare qualcosa di nuovo, magari coinvolgendo giovani e meno giovani?

Crescono i pensionati e diminuiscono i bambini

Il divario di cinque anni tra l'età pensionabile degli uomini rispetto a quella delle donne pare sia un curioso retaggio di quando le donne partorivano tanti figli e invecchiavano più velocemente di oggi.
Dicono gli esperti di demografia che, osservando gli attuali livelli medi di vita, bisognerebbe piuttosto fare il contrario: anticipare l'accesso alla pensione per gli uomini e posticiparlo per le donne, che risultano essere più attive, forti e indipendenti... Suggerimento culturalmente improponibile, dicono altri.

Il fatto certo è che, all'inizio del nuovo secolo, siamo un popolo di pensionati con uno dei tassi di natalità più bassi del mondo e in Europa in particolare.

Perché nascano così pochi bambini è un problema economico e culturale molto vasto, su cui tanto si è scritto e si scrive.
Indubbiamente scoraggiano le coppie la difficoltà di trovare un alloggio, il peso delle tasse, iniquo perché così mal distribuito e particolarmente

gravoso per chi ha più figli, i servizi scadenti oltre che insufficienti (trasporti, sanità, asili-nido, scuole). La mancanza di sostegni sociali diventa tragica quando poi ci sono handicap o problemi di salute. Inoltre la paura del futuro, l'attuale sentimento di disgregazione, le difficoltà occupazionali dei giovani, causate anche da istituzioni scolastiche incapaci di preparare al mondo del lavoro, tolgono il desiderio della continuità, frenano la speranza e quel gusto di vivere che nell'intimità della coppia precedono la voglia di uno o più figli.

La realtà sociale

Nella ricerca di un possibile lavoro o di un maggiore benessere, le giovani coppie si spostano, si trasferiscono in altre regioni: per loro mettere nuove radici non è facile, e gli anziani restano soli e lontani: non possono aiutare, né essere aiutati, e questo accresce l'inquietudine.

Inoltre, la vita nelle grandi città è molto dura. Non è un caso che entrambi, moglie e marito, vogliano lavorare e che i figli, non appena nati, vengano portati all'asilo-nido. Molti di questi bambini, già nei primi anni, restano troppo a lungo soli e separati da adulti affettivamente importanti per loro.
Alle elementari hanno la chiave al collo per aprire la porta di casa dove nessuno li accoglie e lì siedono per ore davanti al video, che è sempre la più comoda delle baby-sitter.

Ci stiamo avvicinando velocemente alla realtà americana, dove un bambino su cinque vede il padre o la madre un'ora il giorno, un bambino su due rischia entro i primi cinque anni di vedere dissolta la coppia dei genitori e gli psicologi della famiglia consigliano agli adulti in carriera di segnare nelle loro agende quando e dove passare un'ora con il proprio figlio, almeno una volta la settimana.

La presenza di un anziano

Al polo opposto c'è una vecchiaia sopportata a fatica dall'anziano come dal giovane, e la tendenza a estirparla dal naturale cerchio familiare, esiliandola nell'ambigua assistenza delle case di riposo.

Certo, ci sono casi in cui tale soluzione è inevitabile, ma in molti altri non è così.
Soltanto che allontanare, isolare, risulta spesso essere la soluzione meno problematica.
Naturalmente non può esserci una risposta univoca.

Gli anziani sono una categoria per nulla omogenea.
Ci sono quelli estremamente poveri e del tutto soli, soprattutto nelle dense aree urbane, e quelli che hanno appoggio in famiglia, sicurezza, prosperità.

Importanti indagini del 1991/1992 hanno indicato l'aumento del numero delle famiglie che apprezzano la presenza di un anziano per l'aiuto e il sostegno che è in grado di offrire come «*elemento attivo e partecipe della vita familiare*» (CENSIS, settembre 1991).

Ma c'è anche chi realisticamente preferisce l'anziano 'a carico' (CER, 1989/1991) in quanto la sua presenza tra le mura domestiche comporta il vantaggio di un reddito in più (la pensione di cui è titolare). Tanto più che un anziano ha esigenze ridotte in fatto di spese voluttuarie e gode di sconti, dal biglietto dell'autobus o del treno a quello per l'ingresso al cinema, ai ticket sui medicinali.

Ci sono casi estremi di giovani coppie che impediscono addirittura al genitore di vivere solo o con un persona amica e perfino di risposarsi, proprio per 'averlo a carico' con tale vantaggio economico.

Questo 'utilizzo' dell'anziano non solo è grave espropriazione, ma certo non gioca a favore della tranquillità dei rapporti.
Tutti si rendono conto del vero motivo della convivenza, anche se non viene esplicitato.

Infatti i nipoti in casa, se ce ne sono, respirano tutto questo.
Se sentissero nei discorsi dei genitori insofferenza, ironia, senso di 'sopportazione', imparerebbero che la vecchiaia è un peso e che quindi è giusto sfruttarla.
L'aridità dei sentimenti fa presto scuola.

I mille sapori della patata

Patate con la buccia

Ingredienti

- 500 g di patate

Occorrente

- 1 pentola d'acqua o il forno
- 1 spazzolino
- 1 rotolo di carta d'alluminio

Le patate con la buccia, che si servono generalmente a parte, entro una salviettina ricamata, con il burro semplice o con il burro d'acciuga, di tonno o di gamberi, si possono cuocere tanto a lesso come a vapore, nel forno, sempre dopo averle ben lavate e pulite con uno spazzolino.

Per cuocerle a lesso, collocatele in una pentola piena di acqua fredda che rifonderete appena avrà bollito alcuni minuti, perché il calore penetri dalla superficie nel centro delle patate. Lasciatele cuocere una ventina di minuti.
Prima di servirle fatele asciugare senz'acqua sull'angolo del fornello.
Per cuocerle a vapore, avvolgetele nella carta d'alluminio e disponetele su una teglia nel forno. Lasciatele cuocere a seconda della grossezza.

Patate fritte con la pastella

Ingredienti

- 2 uova
- 2 cucchiai d'olio
- 1 cucchiaio d'acquavite
- 2 o 3 cucchiai d'acqua
- 4 cucchiai di farina
- 1 pizzico di sale
- 500 g di patate

Occorrente

- 1 bacinella
- 1 frusta
- 1 coltello
- 1 pentola d'olio o la friggitrice

▶

Preparate la pastella sbattendo i tuorli con l'olio, l'acqua, l'acquavite, la farina e il sale in modo da formare una pasta quasi colante. Incorporatevi gli albumi montati a neve.

Intingetevi le patate lessate, ma non completamente cotte, tagliatele a fette e friggetele.

Patate fritte con l'uovo

Ingredienti

- 500 g di patate
- 3 o 4 cucchiai di farina
- 1 uovo
- 1 pezzetto di burro

oppure:

- 500 g di patate
- 1 uovo
- 2 o 3 cucchiai di pangrattato
- 2 o 3 fette di mortadella
- 2 o 3 fette di salame (in alternativa)

Occorrente

- 1 padella antiaderente
- 1 coltello

Tagliate a fette le patate dopo averle lessate e passatele nella farina e nell'uovo sbattuto, oppure nell'uovo sbattuto e nel pangrattato cui avrete aggiunto la mortadella o il salame tritati molto finemente.

Friggetele quindi nella padella.

Patate fritte con il latte

Ingredienti

- 500 g di patate
- 1/2 l di latte
- 1 pezzetto di burro
- 1 pizzico di sale

Occorrente
- 1 padella antiaderente
- 1 coltello
- 1 bacinella

Pelate e tagliate a fette le patate crude e immergetele nel latte per tre ore. Dopo di che friggetele e spolverizzatele di sale.

Patate ai ferri

Ingredienti
- 500 g di patate
- olio
- 1 pizzico di sale

Occorrente
- 1 bistecchiera
- 1 coltello
- 1 pentola

Lessate e pelate le patate, quindi tagliatele a grosse fette. Quando si saranno raffreddate cospargetele d'olio, lasciatele riposare mezz'ora quindi scolatele e cuocetele ai ferri.

Una notizia curiosa

La prima a introdurre la coltivazione delle patate in Lombardia fu Donna Teresa nei Ciceri, nata nel 1750, morta nel 1821, e grande amica di Alessandro Volta.

Le mie varianti

(Ricette ispirate da *Manuale di cucina, pasticceria e credenza per l'uso di famiglia,* 1910, Premiata Tipografia-Libreria Emiliana, Venezia)

Vivere la storia

I nonni sono memorie viventi.

(Gérard Sévérin, filosofo francese)

In effetti, quale ricchezza rappresentano i nonni per la famiglia e per il bambino!
È grazie a loro che egli scopre come il mondo non sia cominciato con la sua nascita, né con quella dei genitori. I loro ricordi si inscrivono in modo preciso nei suoi.

«*Quand'ero piccola, c'era la carrozza a cavalli,*» dice la bisnonna, mentre la nonna, sua figlia, ricorda le piazze vuote «*perché le auto erano ancora rare*».

Questo passato non lontanissimo, raccontato da persone vicine e care, che giocano con lui, che lo abbracciano, aiuta il bambino a inserirsi meglio nel percorso che per lui, come per ciascuno di noi, va dalla nascita alla morte.

Nessun film 'di cappa e spada', nessuna ricerca sugli antichi Egizi, per appassionanti che siano, potranno dare altrettanta profondità storica all'immaginazione di un bambino, poiché essa si nutre, prima ancora che di conoscenze, di emozioni affettive, di sensazioni un po' magiche.

Ogni incontro tra nonni e nipoti rappresenta dunque un'occasione rara per creare una continuità tra il passato e la tradizione e il nuovo che emerge nel bambino, la sua capacità di trasformare, inventare, creare.

Il segreto

Ancora oggi, che ho passato i novant'anni, ci penso: non ho mai saputo con esattezza chi fosse mio padre.
Dicevano che fosse scappato con una lavorante di mamma, lasciando

debiti a non finire. In Francia, pare, ma la verità non si è mai saputa. La nonna paterna era una nobile molto ricca che forse aveva disapprovato quel matrimonio. Comunque lei non ha mai voluto conoscermi.

Le sorelle di questo mio sedicente padre mi facevano scrivere letterine a un certo indirizzo di Nizza, ma quando, anni dopo, vi andai con mio marito, mi dissero che nessuno con quel nome aveva mai abitato lì.

Nessuno mi spiegava le cose. Chiedevo timidamente, ma non mi rispondevano.
Ho vagato sempre nel buio, nell'incertezza.

Mamma aveva un laboratorio di calze per i lumi a gas in piazza Navona.
Durante il giorno stavo con la nonna (che era il fulcro della famiglia) e il mio adorato cagnolino Tippitì. L'avevo chiamato così per il rumore delle sue zampette sulle mattonelle.

La sera, quando tornava a casa, mamma mi coccolava. Dopo cena i grandi si sedevano in cerchio a parlare, nonna, zia, i miei fratelli maggiori e io, zitta sulle ginocchia di mamma, abbracciata a lei.

È lì che ho sentito frammenti di notizie: lo cercavano in questura. La nonna marchesa aveva chiuso la porta in faccia a qualcuno di casa; quella donna (un nome strano) era andata via con lui.

Quando di lì a poco mamma morì (aveva poco più di trent'anni), un suo amico buono, affettuoso si occupò di me, cercandomi un buon collegio e tenendomi con sé durante tutte le estati.

La mia grande disperazione fu di lasciare Tippitì, ma lui lo ricordo sempre con tenerezza, malgrado i suoi modi severi.

D'inverno gli scrivevo come a un padre. Lo era davvero? Ero ormai grande e uscita di collegio quando un suo amico mi presentò a un'altra persona come «la signorina L.», il suo stesso cognome. Sui documenti invece avevo l'altro. Allora cominciai a capire.

Una volta a minacciare questa nuova, fragile certezza intervenne uno dei miei fratelli dicendo: «Tu sei figlia di F., ricordalo bene».
Voleva che prendessi le distanze da questo mio padre putativo?

Di nuovo non osai chiedere, ma dentro di me sentivo con chiarezza quale fosse il legame d'affetto più forte, ben diverso dalla paternità formale, tenuta in piedi dalla famiglia per coprire responsabilità e umiliazioni, per il 'buon nome', come si diceva allora.

Eppure il dubbio restava e a volte mi assaliva un senso di vuoto, come una macchia nera che non osavo diradare.
Me lo rimproveravo, ma continuavo a soffrire...

Il raccontafiabe

«*Nonno, mi racconti una storia?*» Chi sa dire di sì a una tale richiesta spalanca al bambino un mondo di sorprese intense e di emozioni assicurate.
Il nonno racconta frammenti della propria storia, oppure ripete una fiaba, una leggenda. Arriva anche a inventarne, pescando nei propri ricordi d'infanzia, nei racconti già fatti ai propri figli. Una storia ascoltata da una voce amata, camminando o seduti, a cavalcioni sulle ginocchia o stretti l'uno all'altro, è in ogni caso un'esperienza bella.

«*Non bella, superlativa,*» mi dice un amico. E mi fa questo racconto.

Per me Ulisse, per mia sorella le fiabe...

Se sento parlare di Ulisse, mi ritrovo bambino, quando il mio bisnonno mi raccontava le meraviglie di questo instancabile navigatore, diviso tra il desiderio di conoscere e la nostalgia di casa.
A dieci anni ero innamorato di Nausicaa e dell'alba «dalle dita di rosa», che per me era una persona in carne e ossa.
E poi gli dèi, le ninfe, i satiri... Questi personaggi hanno riempito la mia fantasia, mi hanno letteralmente nutrito.

Mia sorella invece adorava le fiabe. Qui interveniva la nonna che era bravissima. Faceva tutte le voci, un vero teatro. Lei se le faceva leggere, poi le leggeva e le rileggeva per conto proprio, infine le raccontava a tutta la famiglia con una vivacità tutta speciale.
Oggi fa la costumista teatrale. Una volta le ho detto che in certe sue creazioni mi pareva di cogliere quel mondo vaporoso e fantastico.
Lei è stata un po' lì a pensare e poi ha riconosciuto che c'era qualcosa di vero.

Niente si perde nel mondo di un bambino e su questo piano i nonni sono insostituibili, proprio per le radici che consentono di costruire.

Per giocare nella casa delle bambole

Oggi si trovano in commercio bambole in miniatura, più o meno snodate, perlopiù in plastica.
È comunque divertente fabbricarle in casa insieme con i bambini. È un gioco adatto ai bambini che hanno superato i cinque-sei anni.

Occorrente

- filo di ferro dolce e pinze per tagliarlo
- lana di vari colori a 4 o a 6 capi
- piccoli ritagli di stoffa
- ovatta
- perline di legno
- ago da lana e cotone per cucire

Realizzazione

Si possono realizzare in tre modi diversi, utilizzando i vari materiali.

- Piegate in doppio il filo di ferro e attorcigliatelo per fare l'armatura. Nell'anello che avete formato mettete una pallina d'ovatta, copritela con un quadratino di stoffa e rivestite la sagoma (a partire dal collo, fissando quindi anche la stoffa) con la lana colorata tendendo molto il filo.
- Tagliate due sagome di stoffa, unitele ai bordi a sopraggitto e riempitele di ovatta.
- Annodate insieme le palline di legno; disegnate sulla prima i lineamenti: le altre due, coperte di striscioline di stoffa, sembreranno una fasciatura da neonato. La culla potrà essere un guscio di noce.

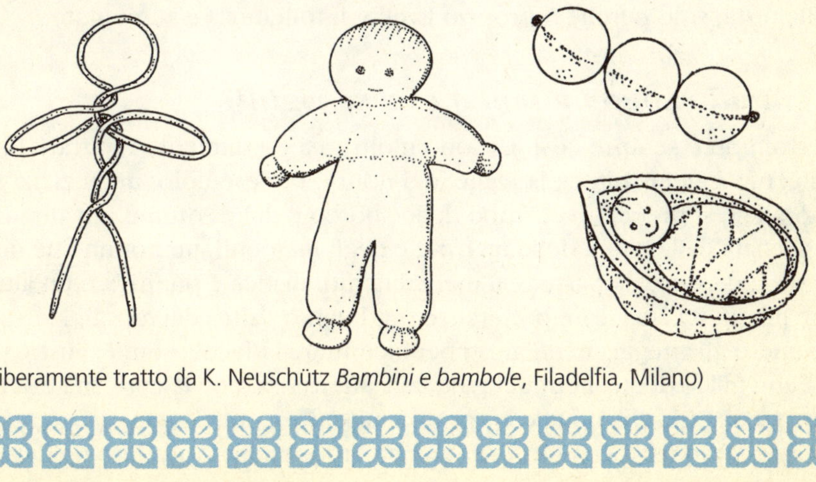

(Liberamente tratto da K. Neuschütz *Bambini e bambole*, Filadelfia, Milano)

La legge e l'indulgenza

I genitori guidano, insegnano. Sono la protezione e la legge, l'apprendimento quotidiano e la palestra per conquistare l'indipendenza.
I nonni, al contrario, rappresentano l'indulgenza.

Fare o essere

Il rapporto tra nonni e nipoti è di solito gratificante, con minori responsabilità da parte dei primi riguardo alle mete future, scevro da tensioni e da regole precise, salvo quelle del buon vivere, meglio se concordate con i genitori-figli. Questi sono giustamente attenti a ciò che il bambino *fa*, a come si comporta. Per i nonni, la cui già lunga vita sembra fermarsi davanti a un faccino che si illumina di gioia al solo vederli, sembra più importante ciò che il bambino *è*. Tenerezza, accoglienza incondizionata, tempi lunghi, tono benevolo sono tutti ingredienti che rendono felice e unica la relazione nonni-nipoti.

Naturalmente, indulgenza con misura. Insomma, non farsi... camminare sulla testa, solo perché il proprio livello di tolleranza è aumentato.

E quando sono i nonni a essere rigidi?

Certo, non è sempre così. Ci sono molti casi esattamente contrari: l'indulgenza è dei genitori; la legge, dei nonni. Per esempio, un'anziana signora che si preoccupa troppo dello sporco e del disordine, un'altra ossessionata dalla paura delle malattie e degli incidenti, un nonno che non riesce a mettere da parte una mentalità moralistica e punitiva o un altro che manifesta smaccate preferenze per l'uno o l'altro dei nipoti. Non sono questi gli atteggiamenti giusti per incontrare i piccoli, com'è giusto, sul terreno felice di una neutralità tenera e affettuosa, con la curiosità e la reciproca allegria che un tale rapporto consente. Com'è ovvio, un eventuale disaccordo con i genitori-figli sarebbe proporzionato alla loro rigidezza.

Le regole

I nonni disponibili finiscono sempre per 'viziare' i nipoti: fanno con loro cose che con i figli non avrebbero mai fatto.

(Un giovane padre)

È vero, bisogna riconoscerlo. È un fatto che con l'età tante cose, ritenute un tempo essenziali, si ridimensionano. Ma è poi così grave?
Non sottovalutiamo la fresca intelligenza di un bambino, la sua capacità di accettare, molto più degli adulti, variazioni e differenze, e quindi di adeguarsi alle diverse situazioni senza esserne danneggiato. La complicità che egli stabilisce con i nonni non impedisce una buona relazione con i genitori.

«*Ah, ma questa è doppiezza bella e buona! Bisogna agire in modo coerente, univoco.*» Sì e no. È ovvio che certe linee e regole di base, ritenute importanti in famiglia, del tipo: «*A che ora si va a letto?*» o: «*Cioccolata sì, cioccolata no*» o: «*Video sì, video no*» andrebbero concordate, ma i nonni non sono i genitori e dovrebbero avere a disposizione uno spazio in cui muoversi liberamente con i bambini.

In fondo di che cosa ha bisogno un bambino per stare bene, per crescere bene?
Di spazio, *per sperimentare, sbagliare e riprovare ancora, a suo piacere; di* tempo, *per fare le cose al ritmo proprio; di* adulti *disponibili, capaci di aiutare se occorre e non ostinati, non prepotenti.*
So che riceve tutto questo dai genitori e talvolta anche dalla scuola. Ma sono indispensabili anche i nonni.
I giovani hanno troppa fretta, troppa ansia. Guardano avanti, presi da tanti problemi contingenti.
I nonni invece hanno più tempo. Guardano sì avanti, ma anche indietro e, se sono meno in ansia dei genitori, sono i più adatti a dare affettuosa gentilezza e attenzione.

(La nonna di Franco, otto anni)

Non può fare male a un bambino trovare ogni tanto rifugio in uno spazio felice in cui i conflitti si attenuano e i doni sono più abbondanti…

Nell'indulgenza che nasce da esperienze multiformi (più che da gratuita debolezza) e da un maggiore distacco dalle cose il bambino trova conforto e l'anziano la sensazione vitale di essere davvero importante e come 'nuovo' per qualcuno.
A vantaggio della salute mentale di tutti!

Palla dorata e Piso pisugno

Proponiamo due piacevoli giochi, di origine fiorentina, fatti di parole e ritmo.

Palla dorata

Si gioca contro un muro con una palla di gomma: sulla prima parola del verso si lancia, sulla seconda (o sulle finali) si prende.

Palla - dorata
dove - sei stata
dalla - nonnina
cosa - t'ha dato
questa - pallina
dove - l'hai messa
eccola - qua.
(e la palla deve tornare nelle mani sul 'qua')

Piso pisugno

Si gioca a terra. Più bambini sono seduti l'uno accanto all'altro, a gambe tese. Uno è fuori e dice la filastrocca, toccando ogni volta una gamba di uno dei suoi compagni, a turno, che subito la piega.

Il gioco finisce quando tutti i bambini hanno entrambe le gambe piegate.

Piso pisugno
di maggio e di giugno
la bella pistocca
la fila e la rocca
unè unè unè
tira su questo bel piè!

Le parolacce

Tutto sopporto fuorché il linguaggio volgare in bocca a un bambino di sei anni. La settimana scorsa mi ha detto: «Questa merenda di merda non la voglio» solo perché gli avevo preparato pane, burro e miele anziché la torta. Eppure è un bambino gentile e affettuoso. L'altro giorno poi ha lanciato a mio marito un insulto di quelli che oggi si usano a ogni pié sospinto. Lui per tutta risposta gli ha dato un ceffone. Ne è venuto fuori un putiferio: nostra figlia ha difeso il bambino e se l'è portato via tutta offesa.

M'è spiaciuto per lo schiaffo, ma il nonno aveva ragione: se non lo frenano i genitori (che non intervengono mai in tal senso e che per primi parlano senza riguardi), il bambino deve pur imparare che ci sono dei limiti, che non si può ferire come se niente fosse.
Ma davvero è così fuori moda la 'buona educazione'?

(La nonna di un bambino di sei anni)

In ogni caso le parolacce sono una forma bella e buona di aggressività. Se una cosa non piace o dà fastidio, perché non trovare modi più civili per esprimere dissenso o irritazione?

Le parole proibite

Naturalmente tutt'altra cosa è per un piccolino di tre o quattro anni la scoperta di parole considerate 'proibite' come «*cacca*», «*culetto*», «*sedere*» e così via. Quando le scopre, le usa come sfida e come divertimento. Se poi si ritrova con uno o due amichetti, che gusto dirle a gara, e giù a ridere!

Va bene, meglio non irritarsi, meglio stare anche noi al gioco, che è del tutto innocente, trasformarlo in allegre canzoncine, in altro divertimento di rime e di diminutivi/accrescitivi.

L'interesse ben presto finirà. Una bimba si interessava molto a una canzoncina francese che aveva nel ritornello la parola *cacahuette*. Non sapeva che volesse dire 'arachide'.
Il gusto era proprio nell'ascoltare e nel dire le sillabe proibite, gioco che si è ben presto esaurito da solo.

Le parolacce nel senso dell'insulto sono tutt'altra cosa: se ci disturbano, si avrà ben il diritto, almeno in casa propria, di dire: «*No, non voglio sentirle!*» anche all'amato nipote.

Certe filastrocche...

C'era una volta Cecco Rivolta:
rivoltando i maccheroni
se la fece nei calzoni.
La sua mamma lo picchiò:
povero Cecco s'ammalò.

(Umbria)

Sotto il ponte di Verona
c'è una vecchia cacarona
che si cuce le mutande:
quanti buchi ce saranno?
Uno, due, tre...

(Veneto)

La ciovetta sur mazzolo
fa ll'amore cor pizzicarolo;
er pizzicarolo je dà un bacio,
la ciovetta puzza de cacio.

(Lazio)

Ghiri ghiri gaia
marteo sotto paia
paia paiusso
merda de musso
merda de bò
eco te gò.

(Veneto)

Certe filastrocche sono forse al limite del buon gusto, però i ragazzini le ripetono con gran piacere per le parole proibite, il ritmo, il suono stesso delle rime.

Meglio lasciar spazio a questi giochi verbali, in fondo innocenti, che permettere villanie che feriscono gli altri.

La fede degli anziani e le scelte dei giovani

Ecco una bella testimonianza su questo delicato argomento.

Le scelte diverse

Le nostre figlie le abbiamo battezzate ed educate nella fede cattolica, ma questo non ha impedito loro di fare da adulte scelte diverse.

La nostra maggiore negli anni Settanta è andata in Israele, si è sposata là, ha scelto la religione ebraica di suo marito e ha educato così i suoi figli.

La seconda invece è sempre stata molto attiva nella nostra parrocchia e tutt'ora mantiene questi legami, per cui le sue due bambine hanno assorbito la forte religiosità dell'ambiente che i loro genitori frequentano.

La terza infine ha sposato un uomo molto positivo, ma su posizioni decisamente agnostiche, contrario a ogni forma di educazione religiosa.
Si sono sposati civilmente e non hanno battezzato i figli. Il maggiore, quando aveva cinque anni, per vari giorni mi ha chiesto: «È Dio che ha fatto la sabbia? È Dio che ha fatto il mare?», come se volesse verificare cose che aveva già sentito. Poi mi chiedeva: «Perché vai in chiesa?» Gli rispondevo che andavo per pregare. «Ma che cosa vuol dire?» e così via. Per parte mia ero preoccupata di non dare risposte contrarie alle scelte dei suoi genitori e quindi ne parlai con mia figlia, ma lei non si scompose affatto: «Quello che gli dici va bene comunque, se senti che è giusto così. Imparerà che al mondo si pensa e si sente in tanti modi diversi».
Questo mi tranquillizzò, perché sentii di avere la sua fiducia.
Spesso ci ritroviamo tutti insieme con grande gioia. Quando è nata la più piccola della coppia cattolica, c'è stato il battesimo.

I cuginetti presenti, ciascuno con una candela accesa in mano, erano molto partecipi e attenti.

D'estate tutti i nipotini trascorrono un mese insieme a casa nostra. Le due bimbe cattoliche vengono in chiesa con noi la domenica mattina, mentre la sera del sabato i tre piccoli ebrei con grande serietà, appena compare in cielo la prima stella, accendono il candeliere. È il maggiore che, in assenza del loro padre, si mette lo speciale scialle sul capo, recita le preghiere in ebraico, benedice il pane e distribuisce il vino secondo l'antichissimo rituale.
In questo caso sono i cugini a essere impressionati, e noi adulti intanto riflettiamo sul valore dei simboli…

Nonni in ansia

Che cosa dire delle nonne e dei nonni in ansia perenne, paurosi di tutto? Il freddo e il caldo, l'acqua e il sole, il correre e l'arrampicarsi, tutto diventa pretesto per essere inquieti.

Mia suocera è tenerissima, generosa con i nipoti, ma ti toglie il fiato con i suoi continui: «Sta' attento...» e i ricatti affettivi tipo: «Mi fai star male».

Mio padre invece non permette nulla ai bambini quando escono con lui, tanto che dai giardinetti tornano a casa rabbiosi.
«Non si fida di noi. Glielo diciamo che tu ci lasci andare sulle altalene, ma lui non vuole.»
L'ho spiegato mille volte a mio padre, ma è più forte di lui. Poi si lamenta che i bambini nicchiano, quando propone loro di uscire insieme. Ora che crescono, diventa ancora più difficile.

(La mamma di due bambini)

Chissà se è per sfrenata immaginazione o per un atteggiamento pessimistico di fondo, o anche per il timore di responsabilità insostenibili, che certi nonni assillano i nipoti con frasi ansiose, creando talvolta, soprattutto se vivono in famiglia, un clima di tensione: quando i nipoti sono piccoli, in un modo; quando crescono, in un altro (no alla gita, no alla piscina, no allo sci perché «*non si sa mai...*»)

Vorrebbero negare qualsiasi cosa che considerano pericolosa, e 'tengono il muso' perché nessuno dà loro retta.

Quando i ragazzi tornano a casa felici da una di queste esperienze, magari li accolgono come se fossero redivivi per miracolo, e se per caso qualcosa accade davvero (ma la vita non è bella senza ragionevoli rischi) affliggono tutti con: «*Io lo sapevo*» e: «*Te l'avevo detto*».

Le buonissime!

Ecco due ricette che faranno felici grandi e piccini golosi.

Torta di semolino

Ingredienti

- 85 g di semolino
- 5 uova
- 140 g di zucchero
- 50 g di mandorle
- 1/2 limone
- 1/2 arancia

Occorrente

- 1 bacinella
- 1 frusta (o un robot da cucina)
- 1 tortiera

Sbattete i tuorli con lo zucchero, quindi aggiungetevi il semolino e le mandorle, dopo averle tritate, e continuate a lavorare il composto. Quando questo sarà ben amalgamato, incorporatevi la scorza del limone e dell'arancia e gli albumi montati a neve. Versate nella tortiera e infornate.

Torta di riso

Ingredienti

- 3 noci di burro
- 3 uova
- 3 cucchiai di zucchero
- 3 pugni di riso
- 1/2 l di latte
- 1 limone
- 1 pizzico di sale

Occorrente

- 1 bacinella
- 1 frusta (o un robot da cucina)
- 1 tortiera

Cuocete il riso nel latte mantenendolo al dente. Sbattete prima il burro da solo poi con i tuorli e con lo zucchero, quindi aggiungetevi il riso, la scorza del limone e gli albumi montati a neve. Versate il composto in una tortiera bene imburrata e panata e infornate.

Scelta saggia o compromesso?

Non mi dò pace: io sono di fede repubblicana; mio padre era un mazziniano fervente, mio nonno perseguitato perché carbonaro. Ho sposato un uomo coraggioso, socialista di antica data, che ha lottato in montagna contro nazisti e fascisti. Abbiamo educato i nostri figli alla tolleranza, al rispetto delle opinioni altrui, al rifiuto dei dogmatismi e delle dittature.

È ovvio che non fui d'accordo con mia figlia quando iscrisse i bambini in una scuola di suore. È vero che la scuola statale funzionava malissimo: le maestre cambiavano di continuo e in pratica non insegnavano nulla.

Risultato? Dopo un solo anno di frequenza i due bambini si sono dimostrati scolari eccellenti. Voti splendidi, lodi a non finire.
Le suore hanno comunque lavorato bene dal loro punto di vista: ora i bambini vogliono essere battezzati e fare la Prima Comunione.

I genitori, dato che i figli lo chiedono, in coerenza con i loro principi di tolleranza e di libertà, hanno accettato, ma io mi chiedo: «È stata una vera scelta o una sorta di plagio?»

D'altra parte mia figlia e suo marito non vanno in chiesa, e allora che senso ha? La fede religiosa non è la cerimonia di un giorno per essere come gli altri.

Confesso che sono confusa. Mi sembra che si debbano spiegare ai bambini le proprie scelte e sostenerle fino in fondo con coerenza. Se emergono nuove richieste, non respingerle a priori, ma piuttosto dilazionarle per vedere se hanno un fondamento. Io almeno mi sono sempre regolata così. Altrimenti, che impegno è?

Mia figlia invece dice: «Tu sei troppo drastica. Se dico loro di no, diventa motivo di opposizione tra noi. Non mi pare che valga la pena. È come dire sempre no alla Barbie o alla pistola: alla fine diventano troppo importanti».
Forse lei è più realista di me, eppure non mi convince!

I giovani e i vecchi

Colloquio con Konrad Lorenz, etologo
(da K. Lorenz *Salvate la speranza*, Armenia, Milano)

• *Da sempre esiste una situazione conflittuale fra anziani e giovani. Come persona di una certa età, come uomo e come scienziato, come vede lei, professor Lorenz, questo problema che si riscontra in tutto il mondo?*

I giovani e gli anziani sono sempre stati in opposizione; gli anziani hanno sempre rappresentato il principio conservativo, e la gioventù si è sempre occupata di ciò che è nuovo, in crescita e in evoluzione. Entrambi sono necessari per lo sviluppo di una civiltà, così come l'invariabilità ereditaria e la modificazione ereditaria sono indispensabili all'evoluzione di una specie. Senza cambiamenti (senza modificazione ereditaria e senza rivoluzioni culturali) si diventa fossili viventi, ovvero un sistema rigido che smette di evolversi (...)

(...) Il pericolo di un'evoluzione troppo rapida porta sempre con sé un altro pericolo molto grave, quello cioè che la tradizione 'si spezzi'. Molti giovani oggi non si rendono più conto di quanto sia importante la tradizione, di quanto sapere 'tradizionale' sia necessario per la sana vita culturale e sociale di uno Stato o di un popolo. D'altro lato però troppi vecchi si ribellano a ogni cambiamento. E questo è ugualmente un male!
Quello che i giovani e gli anziani accettano meno volentieri è che insieme rappresentano un sistema di cosiddetta 'armonia equipotenziale', che deve mantenere un equilibrio affinché il sistema vivente (e una civiltà è un sistema vivente, così come un organismo o una specie) possa continuare a esistere.
Naturalmente la gioventù oggi deve affrontare molti più problemi rispetto a una volta. I giovani capiscono meno gli anziani; l'ostilità tra le generazioni è molto pericolosa, cresce di continuo e può anche condurre al crollo della nostra civiltà. I giovani però dovrebbero stare attenti a non 'buttare via i più vecchi come l'acqua sporca'. Anche se so che per alcuni di loro la tentazione è grande (...)

(...) Un problema che la gioventù odierna deve affrontare con maggior impegno rispetto alla gioventù di un tempo è quello dell'urbanizzazione. Oggi dove c'è un bambino che possa ancora vivere, come potei aver fatto io ai miei tempi, in un 'giardino selvatico' con piante e animali in perfetta comunione? È l'influenza delle mie esperienze infantili che mi fa essere ancora tanto felice! È durante la mia infanzia che è nato anche il mio amore per gli animali.
La cecità ai valori degli uomini odierni, e in misura paurosa anche quella delle generazioni più giovani, ha direttamente a che fare con il fatto che sono quasi tutti 'cittadini'.

Prendiamo un tizio di una grande metropoli americana: questo povero diavolo dove può aver visto una cosa bella e degna di ammirazione? Sì, il 'massimo' per lui sono le automobili, i grattacieli, le complicatissime macchine con cui ha a che fare, e non è certo il caso di prendersela con lui se non trova che un albero sia bello. Non lo conosce, non ha alcun rapporto, nessun contatto con un simile essere vivente.
Anche noi troviamo che la musica araba non è bella, semplicemente perché il nostro orecchio non è abituato a sentirla.

Se ora esaminiamo il problema delle contromisure, io sono convinto che la più importante sia la de-urbanizzazione: una persona deve sapere quanto sono belli un bosco, il mare, ogni paesaggio non rovinato dall'uomo, quanto è bella tutta la natura.
Bisogna tenere i bambini, fin da piccolissimi, a contatto con la natura, con gli animali (l'acquario è uno straordinario strumento educativo) e, se tutto questo non è possibile, una 'terapia sostitutiva' è la musica, almeno a mio parere.

La cosa importante è che la persona diventi ricettiva alla bellezza. La sensibilità alla musica cammina spesso di pari passo con la sensibilità alle bellezze naturali.
Ritengo indispensabile mostrare già ai giovanissimi le cose belle e pregevoli, impedire loro di diventare, con il tempo, ciechi ai valori.

Che cosa regalare a un nonno o a una nonna?

I doni inaspettati o ricorrenti fanno sempre molto piacere.
Una giovane donna, a ogni proprio compleanno, manda fiori a sua madre, per dirle grazie di averla messa al mondo.

Ma un bambino che cosa può regalare?
Per esempio:

- un disegno (sarà ammiratissimo, per primitivo che sia);
- una lettera con i primi tentativi di scrittura (e relativa 'traduzione', se necessario);
- una sua pittura in cornice.

Altre idee simpatiche, che i genitori possono aiutare a realizzare, sono:

- un calendario fatto in casa con i disegni del nipotino (scegliere i più significativi e farli incollare a lui stesso);
- un invito a pranzo con canti e dolcetti preparati dai nipoti, in vista della festa;
- un oggetto speciale: dalla scatola per gli elastici alla tazza dipinta a mano (chiedere al negozio di belle arti in cui si acquista il necessario dove rivolgersi per far cuocere la tazza una volta dipinta, per fissare i colori);
- sacchetti di erbe profumate con l'iniziale ricamata a punto erba o punto croce;
- diverse foto che testimoniano le tappe della vita dei nipoti e relativo album per conservarle;
- un abbonamento alla rivista preferita o a una stagione di concerti, di teatro;
- un biglietto di viaggio come invito a una visita (quello di andata e ritorno dura due mesi).

Un angolo tutto per lui (a casa dei nonni)

Per accogliere bene un bambino non bastano sorrisi, abbracci, parole affettuose. Come a noi piace trovare in casa dei figli la poltrona comoda 'apposta per il nonno', così a nostra volta dobbiamo preparare per l'amato nipote un'accoglienza che esprima il nostro piacere di averlo con noi. Che cosa fare? Tutto dipende dall'età e dalle abilità acquisite.

Da poco comincia a star seduto?

Possiamo organizzare un angolo morbido, con un tappeto, anche vecchio, coperto da un lenzuolo rimboccato, uno o due cuscini e un cestino con qualche 'meraviglia' da portare alla bocca senza pericoli. È una proposta della psicologa inglese Elinor Goldschmied, apprezzatissima negli asili-nido e ottima anche in casa.

- Quali oggetti si possono mettere nel cestino? Per esempio: un mestolino di legno, un portauovo di metallo, una spazzoletta, un grosso sughero, un uovo di legno, un sonaglio, una conchiglia bella liscia, una pietra pomice, un limone profumato.

Conoscere con la bocca e con le mani materiali nuovi, superfici insolite, profumi e dimensioni varie lo interesserà moltissimo.

Comincia a camminare?

Mettiamo a disposizione appoggi ben stabili; togliamo tutto ciò che alla sua altezza può risultare pericoloso, nascondiamo fili elettrici in cui potrebbe inciampare e prepariamo su una mensola bassa, su un piccolo tavolino o anche a terra qualche oggetto interessante:

- una scatola per il caffè con mollette di legno da riempire e svuotare;
- una scatola per i biscotti rotonda che ne contenga un'altra più picco-

I pompon

È un gioco semplice e divertente per bambini di cinque-sei anni.

Occorrente

- 2 dischi di cartoncino del diametro di 8 cm con un foro centrale del diametro di 4 cm
- 1 o più gomitoli di lana colorata
- 1 ago o 1 spilla da balia
- 1 paio di forbici

Realizzazione

Sovrapponete i due dischi e ricopriteli con la lana facendo passare con l'ago o la spilla il filo nel foro tante volte fino a quando questo sarà completamente chiuso.
Tagliate quindi con le forbici in corrispondenza della circonferenza dei due dischi, tenendoli uniti al centro.
Divaricateli poi leggermente quanto basta per inserire tra di essi un segmento di filo che annoderete saldamente.
A questo punto potete togliere i cartoncini. Il pompon è pronto.
Può essere divertente usare lana di diversi colori o inserire un filo d'oro.

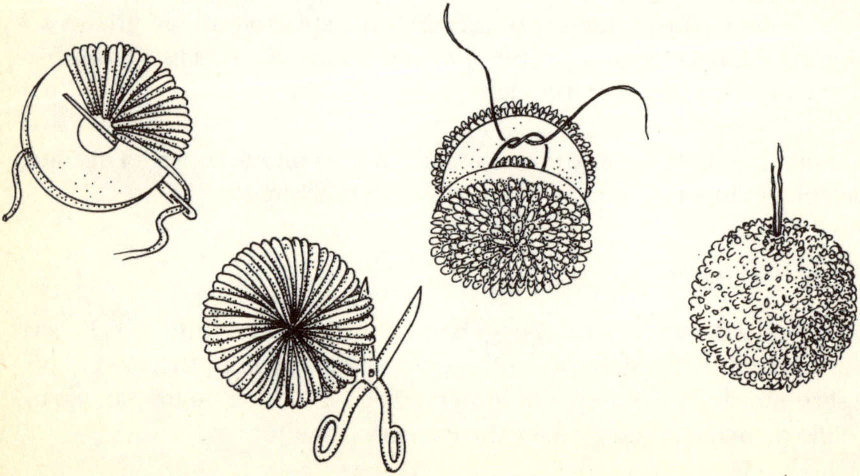

la, che ne contenga un'altra più piccola... fino alla scatoletta del tonno (privata d'ogni possibile asperità con un buon apriscatole) con al suo interno la mezza scatola delle caramelle che contiene un coperchietto...;
- un grosso barattolo (quello della salsa di pomodoro, ovviamente anche questo rifilato con un apriscatole) e due o tre catenelle, lunghe 25-30 cm, sempre per il gioco del 'dentro e fuori'.

Ormai cammina con disinvoltura e vuole fare tante cose?

Mettetegli a disposizione uno sportello della cucina con pentoline, posate, bottigliette robuste e qualche coperchietto. Saprà lui inventare un bel gioco. Se avete un vecchio cassetto (o scatolone di legno da liquori) mettetelo a terra, riempitelo in parte di sabbia o di farina di mais: con qualche pentolino, colino, imbuto, ecco un altro inesauribile gioco.
Se ancora non è molto coordinato e versa sabbia e farina dappertutto, lasciatelo giocare su un terrazzo o in cucina, dove è più facile spazzare. Insegnategli anche, con un sorriso, come si fa a non sporcare.

Certamente ora l'idea vi risulterà chiara: osservate il bambino a casa sua (che cosa gli piace fare?) e poi preparate a casa vostra altre varianti del gioco prediletto, per accendere la sua curiosità.

A due anni

- I giochi con l'acqua (in bagno o in cucina) con un grembiulino di gomma e galoscette.
- Libri con figure molto semplici.
- Strumentini sonori molto diversi tra loro.
- Una piccola carriola o carrozzina da spingere.
- Un carrettino da tirare.
- Le filastrocche e il 'cavalluccio giò giò giò' sulle ginocchia.

A tre anni

- I giochi in cucina con i cibi e ancora con l'acqua.
- I racconti / le prime fiabe.

- Una fattoria con vari personaggi.
- La bambola (o l'orso) con un suo piccolo corredo facile da usare e una scatola trasformata in letto con materasso, cuscini, copertina...
- Gli animali, le piante.
- Le raccolte di pigne, di foglie, di sassolini.
- Cantare, sperimentare un tamburo, un triangolo.

A cinque anni

- Giocare insieme: inventare, ritagliare, leggere, chiacchierare, ascoltare.
- Pastelli e pennarelli con carta da disegno.
- Un trenino di legno da montare.
- Uno strumento da suonare.
- Coltivare, curare le piante.

A sette anni

- 'Fare insieme': costruire, lavorare il legno o la lana, la carta o la creta; esplorare il mondo e ancora chiacchierare e ascoltare.
- Un teatrino delle marionette.
- Una casina delle bambole o un garage, fabbricati insieme.

A dieci anni

- I libri preferiti.
- Il telescopio e i minerali: il gusto di collezionare.
- La musica.
- La storia e le storie di famiglia: capire il mondo.
- Il cestino del ricamo e il microscopio.

Un suggerimento. Gli oggetti più amati che si trovano a casa dei nonni non si portano via. Restano lì, in fedele attesa, per aumentare ogni volta il piacere di un ritorno.

Gli 'altri' nonni: il bello della diversità

Quando due giovani si innamorano, il più delle volte è la forza dei contrasti ad attirarli.
Sì, anche qualche somiglianza, ma soprattutto le differenze: rispetto a se stessi e alla famiglia d'origine, alle consuetudini, alle parole, alle idee di casa.

Nel nuovo nido, se in entrambi gli sposi c'è pazienza sufficiente per resistere, nel tempo, all'avvicinamento progressivo, alla scoperta di tanti, minuti, fastidiosi difetti che si annidano in ciascuno di noi, si modulano a poco a poco nuove leggi di casa, nuovi interessi e, per riprendere la bella immagine di Natalia Ginzburg, un nuovo «*lessico familiare*».

Un nuovo patrimonio nasce dall'unione: porta i valori dell'uno e l'altro ceppo; a volte contagia anche i rispettivi genitori.
I quali, quasi sempre oggi, sono molto diversi tra loro per ceto, interessi, abilità, modi di dire.

Non migliori o peggiori, solo diversi, e questa è sempre una ricchezza, anche quando non semplifica i rapporti.

«Sono le fate a sciogliere la neve?»

«Nonna, è vero che sono le fate a sciogliere la neve?»
«Veramente io so che è il caldo a scioglierla.»
«Non è così. Nonna Maria mi ha raccontato una storia bellissima, mi ha detto che sono le fate a soffiare sulla neve. Senti com'è caldo?»
(*E la nipotina si alita nella palma della mano.*)
«Va bene, se lo sai, perché me lo chiedi?»
«Volevo sapere se lo sapevi anche tu.»

A volte i bambini giocano a mettere gli adulti l'uno a confronto con l'altro. Se ne rendono conto?

Un paracadute di carta...

Occorrente

- 1 foglio di carta quadrato delle dimensioni di un tovagliolo
- 1 rocchetto di filo di cotone grosso
- 1 turacciolo di sughero
- 1 paio di forbici
- colla

Realizzazione

Piegate il foglio di carta a metà, poi in quattro e poi ancora a formare un triangolo (figg. 1 e 2). Piegatelo ulteriormente a formare un triangolo più piccolo e quindi tagliatelo tracciando un arco (fig. 3). Apritelo per ottenere il cerchio illustrato; praticate otto piccoli fori in prossimità della circonferenza in corrispondenza dei segni lasciati dalle pieghe (fig. 4). Tagliate otto segmenti uguali di cotone, infilateli quindi nei fori e fissateli con un nodo perché restino appesi al cerchio di carta. Annodate le estremità opposte dei fili assieme e incollatele all'interno di un turacciolo che avrete un poco scavato (fig. 5). Lasciate asciugare la colla prima di lanciare il paracadute.

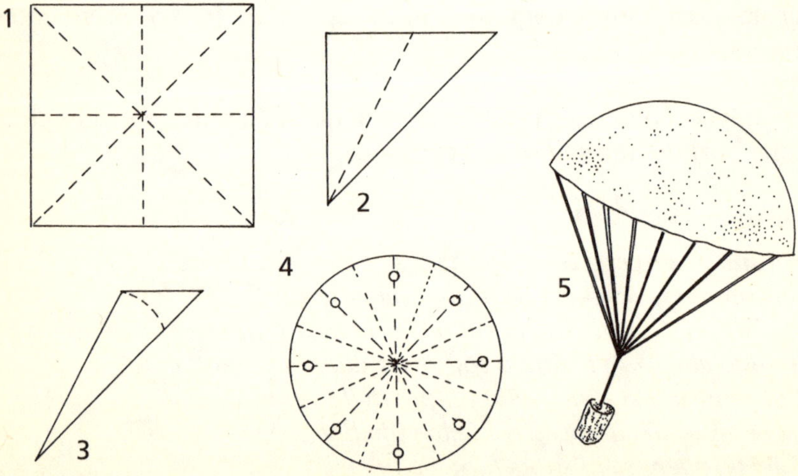

...e un paracadute di stoffa

Occorrente

- 1 quadrato di tela leggera o di cartone (30x30 cm)
- 4 segmenti di filo di cotone lunghi 50 cm
- 1 pezzetto di compensato
- 1 seghetto
- 1 punteruolo
- tempere e pennarelli

Realizzazione

Annodate ai quattro angoli del quadrato di tela i quattro segmenti di filo di cotone (fig. 1). Passate quindi alla realizzazione del paracadutista, sagomando con il seghetto il compensato in modo che assuma una forma umana; colorate con le tempere e i pennarelli (fig. 2). Praticate con il punteruolo un foro alla sommità della 'testa' del paracadutista così ottenuto dove far passare e fissare i quattro fili legati al quadrato di tela (fig. 3). Piegate poi il paracadute come illustrato nelle figure 4 e 5 e 6. Una volta lanciato, il paracadute si srotolerà e si aprirà da solo.

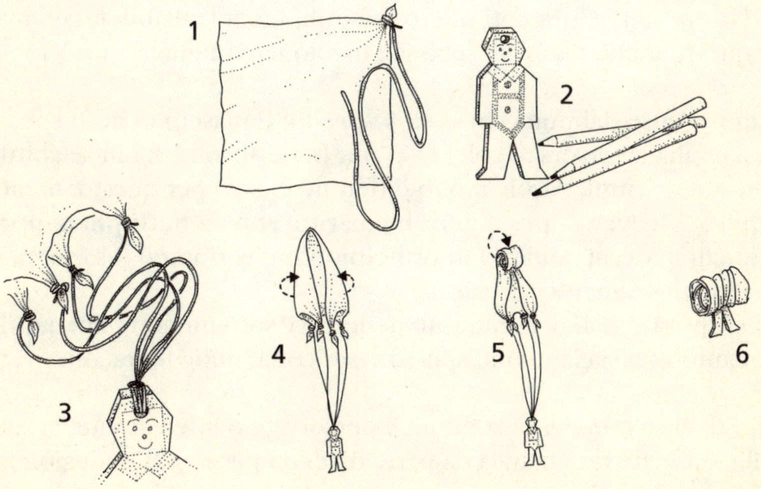

(Liberamente tratto da R. Papetti e G. Zavalloni *Giocattoli creativi*, Macro Edizioni, Forlì)

I suoceri ‘gelosi’

La suocera, si sa, è sempre sotto accusa. La parola è diventata perfino sinonimo di persona antipatica, petulante, presuntuosa.
Peccato davvero!

È un fatto tuttavia che certi anziani non lasciano respirare la giovane coppia. Vogliono sapere tutto: dove vanno, che cosa spendono e perché non telefonano ogni giorno…
Clima pesante: non pochi screzi tra coniugi sono provocati da anziani invadenti, possessivi, che assumono toni ricattatori («*Dopo tanti sacrifici che ho fatto per te!…*») Forse sono un po’ invidiosi della felicità tutta nuova che emana dalla nuova unione e magari arrivano a scenate di gelosia («*Tu non pensi più a tua madre…*», o perfino: «*Non vorrai anteporre lui a me…*») Sentimenti molto infantili, incontrollabili forse, ma non per questo meno dannosi, sebbene involontariamente.

Guardiamo le cose dal punto di vista *materno*. Il maschio che si sposa porta in famiglia la ‘diversa’, colei che, pur bene accolta, ha in sé abitudini domestiche, ritmi, parole molto differenti e, solo per questo, meno ‘accettabili’. (Viceversa, per il giovane marito, sono a tratti più importanti di quelli materni, almeno in principio, finché durano il sapore di nuovo e l’innamoramento iniziale.)
Quando si sposa una figlia, entra un genero vissuto meno in antagonismo di quanto non sia la nuora, spesso visto come nuovo ‘oracolo’.

Dal punto di vista *paterno* è la nuora il personaggio interessante, la sua femminilità. A volte non manca da parte di lei un pizzico di ‘seduzione’: ha per il suocero particolari attenzioni. Invece il genero è in fondo colui che gli ha ‘portato via’ l’amata figlia.

Preferenze e gelosie inconsapevoli? Forse. Visto che siamo adulti, dovremmo anche saperle decifrare e tenere sotto controllo.

Le buone abitudini

Chi stabilisce nella quotidianità di un bambino le abitudini igieniche, gli orari, chi regolarizza la sua vita se non i genitori?

Quando il bambino, come talvolta accade, passa la giornata a casa dei nonni o addirittura torna a casa sua solo il venerdì sera, la situazione richiede un accordo molto serio tra gli adulti, in modo che venga stabilita una regolarità di consuetudini e che nel cambiamento tra le due case e i due modi di vivere il bambino ritrovi molti punti in comune e aspetti più simili possibile.
In altre parole, una cornice, rassicurante proprio per le sue somiglianze, in cui comunque niente debba essere ossessivamente identico.

- Per esempio, bisogna accordarsi sul cibo, sull'aiuto da dare, si devono stabilire regole di massima sul sonno, senza cadere in abitudini rigide e soffocanti.

- Al polo opposto ci sarebbe l'assenza di regole o il disordine, che confonde e fa star male.

- Nella solita saggia via di mezzo si possono trovare i mezzi pacifici per far rispettare le abitudini senza cedimenti e per essere disponibili qua e là, in situazioni speciali, a qualche eccezione che, proprio per il piacere a sorpresa che suscita, conferma l'esigenza di un quadro ordinato di vita.

Sedurre, perché?

Sedurre nel senso di 'tirare i bambini dalla propria parte', avere la loro complice approvazione a dispetto di altri adulti: forse questo serve a ridurre qualche conflitto, facilita la strada al nonno che non sa dire di no, ma in fin dei conti a chi giova?

I nonni non devono sminuire i genitori…

Non giova certo ai bambini che non sanno più a chi dare retta e che subito avvertono come certi 'sì' siano più convenienti di altri.
La situazione è più grave se, per evitare litigi e opposizioni, questa complicità viene usata dai nonni contro i genitori. I quali, ovviamente, devono assumere toni decisi, se non duri, per riconquistare il prestigio perduto.
Sono i genitori al centro della vita dei figli; loro, il vero punto di riferimento. Quindi la loro immagine non deve essere in alcun modo demolita, anche nel caso che siano davvero inadeguati. (Quando pensiamo male di qualcuno, ci sentiamo tanto bravi ed efficienti, ma ogni giudizio può essere carico di rischi, soprattutto nelle situazioni familiari.)
I nonni possono disapprovare alcune cose, ma non per questo sminuire i genitori agli occhi dei bambini, con le parole o con i fatti, in modo più o meno esplicito («*Te lo faccio io*», oppure: «*Te lo compro io, se no tua madre non ci pensa*»).

…ma accordarsi con essi

Dunque, mettersi d'accordo, al di là di differenze e di diffidenze reciproche, diventa indispensabile.
Riguardo alle regole i nonni dovrebbero sempre porsi dalla parte dei genitori (salvo ovviamente atti gravi per i quali il bambino vada difeso). Sentire in modo unitario l'autorità limitante ma protettiva degli adulti aiuta il bambino a crescere. Può darsi che questo scateni da parte sua ur-

Due peccati di gola

Mousse al cioccolato

Ingredienti

- 200 g di burro
- 250 g di cioccolato fondente
- 6 uova
- 150 g di zucchero

Occorrente

- 1 pentolino
- 1 pirofila per il forno
- 1 pirofila trasparente

Fondete a bagnomaria il burro e il cioccolato. Montate gli albumi a neve. Sbattete insieme lo zucchero e i tuorli. Aggiungetevi gli albumi montati a neve mescolando con delicatezza e unite il tutto al cioccolato e al burro, sempre mescolando con cura.
Versate in una pirofila trasparente e mettete in freezer per due ore.

Dolce alla francese

Ingredienti

- 125 g di cioccolato fondente
- 125 g di zucchero
- 125 g di burro
- 125 g di savoiardi o biscotti secchi
- 1 manciata di fiori d'arancio
- acqua
- 2 tuorli d'uovo

Occorrente

- 1 pentolino
- 1 stampo da budino

Sciogliete il cioccolato fondente; aggiungete prima lo zucchero e il burro, mescolando un poco, quindi i savoiardi o i biscotti secchi, che avrete messo a bagno in un poco d'acqua con alcuni fiori d'arancio e poi strizzati. Quando tutto è bene amalgamato, aggiungete i tuorli e mescolate ancora.
Versate il tutto in uno stampo da budino, pressate e livellate e mettete in frigorifero. (Fatto la sera prima, risulta ancora migliore.)

li, proteste, richieste tiranniche, ma non dobbiamo lasciarci spaventare. Conviene dunque chiedere in anticipo ai genitori le loro scelte e intenzioni, come desiderano che vada fatta la tal cosa o la tal altra e poi semplicemente adeguarsi, per evitare conflitti più seri, non tanto per noi, quanto per il bambino.

Stabilite certe norme, non bisogna cedere, questo è l'aspetto più difficile: il bambino deve sentire che gli adulti sono concordi e unanimi sulle norme fondamentali.

Anche sui doni oppure sui giocattoli è importante consultare i genitori. Al bambino che chiede di continuo una pistola, la mamma pacifista può anche decidere, dopo molti rinvii, di comprarla.
Così la si smitizza e non se ne fa, già a quattro anni, una questione ideologica.
Proprio per questo, però, è importante che sia lei, che vive il conflitto di idee e la lotta con il bambino, a farlo, magari con una piccola pistola ad acqua di poco conto. Non il nonno, che si sente in obbligo di comprare a sorpresa un modello di fucile mitragliatore, con disappunto dei genitori.

Spesso è proprio sui giocattoli che avviene il gioco della seduzione.
Viceversa, è essenziale che l'oggetto donato dai nonni, ricordo quotidiano del loro affetto per il bambino, sia apprezzato anche dai genitori e non un'irritante provocazione ogni volta che il bambino lo adopera o che capita tra i piedi!

Ci mettiamo in competizione?

È facile che i nonni giochino a 'chi è più bravo', per assicurarsi un posto migliore (presunto) nell'affetto dei nipoti. La 'gara' può avvenire all'interno di una coppia (nonno e nonna) o tra due coppie, i nonni paterni e i nonni materni.

Chi seduce di più, chi fa doni più belli, chi le proposte più allettanti, chi i dolci più saporiti e così via.
Se non ci si ritira a tempo debito, non è bello lo spettacolo che si offre al bambino, il quale invece fa le sue scelte in modo personale, al di là delle seduzioni.

> *Figurati che cosa mi ha regalato il nonno di Pisa: un astuccio vero, con tutte le matite e i pennarelli infilati. Così non succederà più che mi cadono quando disegno, come quando vengo da te.*
>
> (Gianni, quattro anni e mezzo)

Ahi, stilettata innocente e una punta d'invidia per il dono indovinato che l'altro è stato capace di prevedere.

Niente assurde rivalse. È molto meglio, per Natale e per i compleanni, accordarsi, almeno per telefono, per non rischiare doni troppo simili. Oltre tutto, una consultazione arricchisce le idee.

I nonni che non ci sono

Ci sono però anche anziani invadenti, collerici, interventisti e possessivi, e altri passivi, chiusi, che vivono isolati in casa, guardinghi e quasi 'scomparsi' prima del tempo. Evitano in ogni modo di partecipare alla vita di famiglia ingigantendo così la loro presenza nella casa.

Con il pretesto della stanchezza e di malattie immaginarie, mio nonno se ne sta sempre nella poltrona senza far nulla, con un continuo, muto rimprovero negli occhi. Fin da piccola mi sono sentita dire: «Non far rumore perché disturbi il nonno», «No, le tue amiche non possono venire perché al nonno dà fastidio». Io dico che non è giusto avermi sacrificato così.

(Un'adolescente)

Protesta ragionevole: ancora una volta tutto dipende dall'antico legame di soggezione tra anziani e neogenitori, per i quali è difficile trovare un giusto equilibrio tra le esigenze degli 'ascendenti' e quelle dei 'discendenti'. Ma i diritti non sono forse pari?
La nonna musona o il nonno che ha paura di tutto, che si autoesclude, diventano alla fine incombenti, un altro modo, più subdolo, per esercitare una sorta di autorità dispotica.
Evitiamo questo gioco, poco gratificante per tutti.

(...) il nonno stava seduto in una poltrona; era un uomo malaticcio piccolo e pallido, sempre infagottato in scialli e plaid.
«Li beso las manos, Señor padre!» diceva la mamma. «Le bacio le mani, signor padre!» Poi mi spingeva avanti; il vecchio non mi piaceva, ma dovevo lo stesso baciargli la mano.

Non era mai allegro o adirato, tenero o severo come l'altro nonno di cui io portavo il nome, era sempre uguale, sedeva nella sua poltrona senza muoversi, non mi rivolgeva mai la parola, non mi re-

galava niente e scambiava soltanto un paio di frasi con la mamma. Poi veniva il finale della visita, era una cosa che odiavo, sempre la stessa.

Il nonno mi guardava con un sorriso astuto e domandava a voce bassa: «A chi vuoi più bene, al nonno Arditti o al nonno Canetti?»

La risposta la sapeva; tutti, grandi e piccini, erano innamorati del nonno Canetti, mentre lui non era simpatico a nessuno.
Ma volendo costringermi a dire la verità, mi metteva nel più tremendo imbarazzo, ed evidentemente godeva moltissimo a vedermi lì sulle spine, dal momento che ogni sabato si ripeteva immancabilmente la stessa scena.

Io da principio non dicevo niente, lo guardavo smarrito, ma lui ripeteva la domanda fino a quando io trovavo la forza di mentirgli e dicevo: «A tutti e due!»
Allora sollevava un dito con aria minacciosa ed esclamava (è l'unico suono acuto che io abbia mai sentito da lui): «Fálsu!», «Falso!», calcando l'accento sulla 'a' così a lungo che la parola gli usciva di bocca minacciosa e lamentosa al tempo stesso; l'ho ancora nell'orecchio, come se fossi stato ieri a fargli visita.

(E. Canetti *Il vecchio non mi piaceva,* da *La lingua salvata*, Adelphi, Milano)

Come Babbo Natale

Ci sono altri modi per essere assenti: nonni indaffarati, poco espansivi fino a essere scostanti. Non importa se vivono in un'altra città o a distanza di un isolato. Si fanno vivi con regali importanti ai compleanni e non vogliono essere troppo scombussolati dalla gioventù.
Arrivano grandiosamente come Babbo Natale, ma magari deludono, perché con loro non si riesce a stabilire un vero rapporto.

Che ci faccio di nonni così. Non li vedo quasi mai e quando li incontro non parlano con me. Fanno tante domande e poi non stanno nemmeno a sentire. Al compleanno mi hanno portato lo stesso regalo dell'anno scorso...

(Bernardo, undici anni)

Soldi di carta

Con un solo foglio di carta e una matita nera si può diventare milionari! Si possono esplorare monete diverse, anche di altri paesi, e ritagliarle per giocare al negozio o al mercato.

Occorrente

- 1 foglio di carta
- 1 matita nera
- 2 o 3 monete
- 1 paio di forbici

Realizzazione

Appoggiate il foglio di carta sulle monete, e quindi passatevi sopra la matita tenuta obliqua. Ritagliate poi le 'monete' così ottenute.

A proposito, la carta e la matita (anche colorata) si possono usare sulle foglie, sui tronchi degli alberi, sulle pietre, sulle conchiglie...

La nonna isolana

Mia nonna non parlava molto. Si era trasferita con il figlio dalla Sardegna molti anni prima, e si era sempre sentita sradicata.
Con la nuora, troppo diversa da lei, non era mai andata d'accordo. Raccontava poco o nulla della sua terra, dei suoi dolori di vedova, della povertà trascorsa.
Sedeva silenziosa in un angolo della cucina e pregava.

Nostra madre ogni tanto ci diceva: «Andate da nonna che vi dà due soldi di trattenimento». E noi andavamo.

Allora lei, dalle tasche nascoste sotto l'ampia gonna, residuo dell'antico costume, tirava fuori autentiche meraviglie: il rosario, le medagliette, un minuscolo sant'Antonio in un astuccio, un agoraio grande quanto un pollice, un piccolo libro di preghiere con tante figure della vita di Cristo.

Altre volte apriva un suo cassettino: ne uscivano immaginette colorate in rilievo, fiori di carta, un ombrellino cinese, uno specchio minuscolo, qualche conchiglia, una tabacchiera di legno e un paio di forbicine pieghevoli.

Ricordo gli oggetti che mi stupivano e il suo silenzio.

Ma quando c'era il figlio (nostro padre) o se arrivavano dalla sua terra parenti e amici con dolci straordinari e formaggi saporosi, si trasformava.
Parlava, parlava: una lingua insolita, sonora, che allora mi pareva incomprensibile.

Molti anni dopo, andando nella sua isola, mi accorsi in gran parte di capirla, ma lei non c'era già più.

Il piacere dell'indipendenza

«*Io da solo!*» dice il piccolo. Vuole provare in prima persona a usare il cucchiaio, a mettersi il berretto, a lavarsi le mani. E noi adulti interveniamo, perché ci sembra di proteggerlo, di guidarlo meglio. Di sicuro siamo più rapidi e più abili, ma è davvero necessario?

Lasciarlo crescere

«*Aspetta, te lo fa nonna.*» A volte protesta, a volte cede. Ma ha ragione lui. Ha diritto di provare a fare da sé, anche se il risultato è un po' incerto (e allora con garbo interverremo).
È un istinto fortissimo di crescita che, per esempio, lo spinge a salire le scale quando ancora non sa camminare, a vuotare un cassetto quando ancora non si rende conto di quello che c'è dentro e dei disastri (dal nostro punto di vista) che combina.

Dal suo punto di vista è esplorazione, è mettersi alla prova. Non importa se il berretto è storto oppure le scarpe sono scambiate: è felice di averci provato.
Ebbene, questa gioia è un grande aiuto allo sviluppo dell'intelligenza. Significa: «*Ci sono riuscito*», e la mente si apre a nuove imprese. Un bambino che si fa aiutare in tutto e per tutto, che a tre anni vuole essere ancora imboccato e a cinque ancora vestito, è come impoverito.

Non fatevi ingannare se parla tanto: quelle mani inerti, quell'atteggiamento passivo non sono mai un buon segnale.

Insegnargli a correggersi

Inoltre, è importante che il bambino capisca da sé come si può correggere il piccolo errore.
Il berretto è di traverso? Portatelo davanti allo specchio e mostrategli co-

Lavare senza bagnarsi

Ai bambini piace molto imitare gli adulti nelle occupazioni quotidiane. Permettere loro di 'aiutarvi' a lavare qualcosa nel lavello di cucina o di pulire il pavimento vi procurerà un grosso successo personale. Gli 'attrezzi' che servono sono: un grembiulino di gomma; un paio di galoscette nei mesi più freddi; uno sgabello ampio e stabile che gli permetta di arrivare al lavello; una scopa o uno spazzolone usati cui non vi importi di accorciare il manico.
Il grembiulino e la 'scopa su misura' si possono fare in casa.

Grembiulino

Occorrente
- 1 foglio di tela cerata (44x50 cm)
- 1 fettuccia di cotone
- 1 paio di forbici

Realizzazione
Piegate la tela cerata a metà nel senso della lunghezza e quindi tagliatela da un lato in prossimità dei bordi tracciando un semicerchio, in modo da creare lo spazio per le ascelle. Praticate nel grembiule così ottenuto due fori in corrispondenza della pettorina e due in corrispondenza dei fianchi; infilateci la fettuccia, due segmenti uguali in corrispondenza dei fianchi e un unico segmento in corrispondenza della pettorina, quindi fissatela alla cerata con un nodo.

Scopa

Occorrente
- 1 vecchia scopa (o spazzolone)
- 1 seghetto, 1 trapano
- 1 pezzetto di spago

Realizzazione
Segate il manico della scopa o dello spazzolone in modo che non superi la lunghezza di 80 cm. Foratelo in alto con il trapano. Passate lo spago nel foro e legatelo con un nodo, così da formare un occhiello. In questo modo la scopa o lo spazzolone potranno essere appesi a un'altezza (circa 85 cm da terra) alla portata del bambino.

me deve essere indossato. Le scarpe sono invertite? Suggeritegli di camminare e si accorgerà da sé che sono fuori posto.
Se vogliamo che domani sia una persona equilibrata e sicura di sé, cominciamo da queste piccole esperienze del quotidiano, considerando l'errore come un amico che permette di crescere e il desiderio di indipendenza la molla migliore per diventare abili.

I nonni hanno in questo una responsabilità maggiore, perché hanno più tempo.
La madre, il mattino, veste di fretta il figlio (è sempre tardi!), ma il nonno in altri momenti può soffermarsi con calma a fargli vedere, adagio e più volte, come si allacciano un bottone o le stringhe delle scarpe.

«*Aiutare un bambino a fare da sé*», secondo la bella espressione della grande educatrice Maria Montessori, significa aver trovato il modo migliore per favorire le sue energie vitali.

Nonni e adolescenti

Se il rapporto con i nipoti di età non superiore ai sei anni è di solito idilliaco e comunque ricco di reciproche tenerezze, non si può dire altrettanto di quello con i ragazzini di dieci anni e oltre, che hanno sviluppato notevoli capacità critiche.

Il loro è un periodo di passaggio molto delicato, nel quale l'indipendenza è desiderata ancora più di prima, ma al tempo stesso assai temuta. Della propria esistenza molti adulti ricordano meglio l'infanzia che questo periodo turbolento e sofferto, i cui particolari si annullano lasciando, come nei primissimi anni di vita, una scia di emozioni, di desideri, di insoliti rossori.

Nuovi insegnanti, grandi amicizie, i compagni dell'altro sesso, i primi timidi innamoramenti...
In risposta ai bisogni di questa età i nonni dovrebbero ancor meno di prima giocare il ruolo dei vicegenitori, ma piuttosto quello di equilibrati sostegni affettivi che ascoltano, consolano e danno in altro modo risposte e soluzioni coerenti ai bisogni.

Quando avevo dodici o tredici anni e mi opponevo furiosamente a mia madre (che, adesso lo so, aveva molte buone ragioni dalla sua) ogni tanto gridavo: «Me ne vado dalla nonna!» «E vai!» diceva lei. «Almeno mi riposo.»
Riempivo una valigetta che il nonno mi aveva regalato («Così ogni tanto vieni a trovarci») e partivo per quella casa all'altro capo della città dove mi sentivo sempre bene accolta. Là mi sfogavo. Loro, bravissimi, mi ascoltavano e con calma dipanavano la matassa delle mie rabbie e dei: «Voglio fare a modo mio».
Tornavo sempre a casa pacificata e con la voglia di riabbracciare mia madre.

(Una giovane donna)

Quando erano piccoli, li avevo sempre attorno, affettuosi e sorridenti. Ora, di grazia se compaiono una volta il mese.
Per vederli a volte invento una scusa: «Puoi rimandarmi con Daniele quei ferri numero sei che ti ho prestato?»
I ferri non sono urgenti, ma il desiderio di rivedere il mio giovanottone è grande.

E lui arriva, il casco in mano, infagottato in una di quelle buffe giacche tutte colorate.
Ha fretta, non sa che farne delle sue mani, ma gli occhi e il sorriso sono quelli di un tempo e, prima che vada via, fanno in tempo a scaldare ancora una volta il mio cuore impaziente.

(Una nonna)

Inversione di ruoli

La tentazione di sostituirsi ai genitori con i propri nipoti è molto forte. Certi nonni hanno l'impressione di poter offrire maggiore stabilità e calma, di vedere le cose con obiettività, di saper creare un clima più sereno. Ma giocare a chi è più bravo può diventare un vero trabocchetto.

I giovani genitori non si rassicurano e i piccoli preferiscono ai loro 'no' e 'sì', criticati dagli anziani, i contorni sfumati del rapporto con i nonni.

Questo è più che viziare, è espropriare! Taluni giovani genitori arrivano a delegare agli anziani che vivono in casa la loro autorità, al punto che i figli considerano i nonni come mamma e papà, nel senso che quello che i nonni dicono diventa legge.

I genitori, invece, si comportano come compagni di giochi o come fratelli maggiori, poco comprensibili e sfuggenti.

Il rischio per il delicato equilibrio di crescita è che poi nessuno dia regole chiare, punti di riferimento precisi rispetto al tempo reale in cui si vive.

Il cerchio familiare ha le sue regole e le sue distanze, segnate da un tempo biologico che vale la pena di riconoscere e di armonizzare secondo le leggi naturali.

Mia nonna è stata sempre vitalissima. Poi una malattia l'ha resa un vegetale, e un mese fa è morta.

Svaniti tutti i nostri progetti: volevamo andare sulla spiaggia a veder levarsi il sole; volevo mostrarle una caletta che solo io conoscevo; volevo andare con lei a Venezia…
E tanti altri sogni, irrealizzati.
Dico ai lettori di stare con i nonni anche se bisogna ripetere loro le

cose, perché quando non ci saranno più sentiremo la loro mancanza, anche se ora sembrano 'brontoloni', 'all'antica'.
Credo sia assai azzeccato il proverbio: «Chi ha tempo non aspetti tempo», poiché questo tempo potrebbe anche non venire.
Ora, scusate, non ce la faccio più a dire altro.

(da 'Il Giornalino', n. 33, 1991)

Conosco un nonno che da quarantatré anni vuole andare a Cairo Montenotte, in provincia di Savona. Era lì da soldato, quarantatré anni fa. Non c'è più tornato e ogni tanto sogna di essere lì. Rivede la caserma, le vie, i negozi... però gli sembrano diversi dalla realtà. «Sai, i sogni trasformano tutto. Però adesso io non so più se Cairo Montenotte vero è quello che sogno o quello che ricordo da sveglio.»

Bene, un giorno mi viene incontro e io capisco: ha risognato. Ho la macchina, lo incito a un giretto, e invece punto verso Cairo Montenotte (oltre duecento chilometri, avevo premeditato tutto).
Lui grida che sono matto, che sua moglie non sa niente. Io provvedo, telefono, chiarisco, tranquillizzo, e a un certo momento eccoci a Cairo.
Qui lascio che faccia, che giri, che rida, pianga, si stupisca. Poi dice: «Qui è bello vedere la città di buon mattino».
Insomma, ceniamo e dormiamo lì, lui passa la sera a interrogare gente (e qualcuno si insospettisce pure, a volte ha l'aria poliziotta). Il mattino prestissimo, siamo i primi a circolare nella cittadina deserta. Insomma, quel nonno ha passato una strepitosa giornata.

A questo punto qualcuno teme il seguito: «... e poco dopo è morto, meno male che ha fatto in tempo eccetera».
E invece no! È vivissimo. E adesso sogna un altro posto suo di soldato: Addis Abeba (Etiopia).

(da 'Il Giornalino', n. 3, 1991)

Dispotismo d'altri tempi

Mia suocera ha quattro figli e nella vita si è occupata solo di loro e della casa.
Insomma, non ha avuto una vita sua.

È sempre convinta di saper fare le cose meglio d'ogni altro, di essere indispensabile. Ha più tempo di noi, ora che è vedova e i figli sono tutti fuori casa. Ci aiuta, ma spesso è di una vitalità che diventa invadenza.

Quello che ci dà più fastidio è che prende con i bambini (che l'adorano) iniziative non richieste, né concordate con noi, fino a decidere: «Sabato si va a vedere i burattini», o che il migliore maestro di chitarra è il tale o il pediatra più sicuro è il tal altro.
E le insistenze sono continue.

È come se ci volesse spodestare, e su questo mio marito e io finiamo per litigare...
Ci ruba il piacere di intervenire; interferisce nelle scelte, criticandole davanti ai figli, pretende di dettare legge, pur vivendo a una certa distanza da noi.
Arriva con la sua macchina e comincia le prediche. Se tentiamo di frenarla (suo figlio più di me, a dire il vero) o di spiegare le nostre ragioni, oppone il ricatto degli affetti, dice che siamo ingrati, che pagherà lei le lezioni di chitarra.
Arriva perfino a sfogarsi con i bambini.

La situazione è diventata talmente pesante che stiamo valutando seriamente la proposta che mio marito ha avuto di trasferirci al Nord, anche se ci dispiace per i piccoli che le si sono affezionati...

Comunicare con i bambini

Colloquio con Bruno Munari, artista

• *So che ha due nipoti che però sono cresciuti lontano da lei e da sua moglie.*

Eh sì, sono cresciuti in Svizzera. Quando erano piccoli andavamo molto spesso a trovarli. Ora succede piuttosto il contrario.

• *È stato molto diverso essere nonno dall'essere padre?*

Sì, come essere un 'bipadre'. Una cosa bella e misteriosa. Una bellissima sensazione, essere nonno, anche perché con questi piccolini si gioca, si cerca di comunicare, di renderli autosufficienti.
È stata un'attività nuova in un certo senso. C'era sì la differenza della lingua, dell'ambiente, ma c'era sempre un individuo che stava formandosi e quindi era interessante pensare quale gioco proporre, quale giocattolo inventare per lui, sempre allo scopo di una migliore formazione dell'individuo.
Anzi, per me è stato come un continuare le mie ricerche, gli studi...

• *I nipoti le somigliano?*

Molto lontanamente. Questo nipote che si chiama Bruno, anche lui (noi lo chiamiamo Brunino, anche se è alto così), all'Università studia pedagogia e s'incontra con il padre (che è stato assistente di Piaget e insegna nella stessa università). Questo è molto bello.

Ora le racconto un episodio. Mio figlio ogni tanto conduceva la bambina (nata prima di Bruno), quando aveva due o tre anni, in una scuola materna dell'ONU a Ginevra, che accoglie bambini di tutto il mondo, perché ci sono i rappresentanti di tutte le nazioni. Lì si vede proprio la bellezza della diversità.
C'era un cassone pieno di sabbia e una vasca con l'acqua e la piccina chiedeva: «*Ma io posso toccare?*» Poi c'era una saletta dove i bambini dipingevano. Nessuno dava loro indicazioni, e questo era forse fin ecces-

sivo. C'erano i colori, molta carta e un pacco di fogli da computer. Ho preso questo pacco senza dire niente, l'ho messo a terra e l'ho svolto, facendo una striscia lunga circa 20 m. Poi sono andato là dove erano i colori e ho chiesto ai bambini: «*Posso prendere questo pennello?*» L'ho intinto in un colore e, camminando, l'ho passato sulla striscia di carta, facendo tanti puntini. Allora anche i bambini hanno voluto farlo. Così, al di là della lingua, abbiamo cominciato un'intesa 'visiva'.

Questo mi è stato molto utile per capire come si fa a stabilire un contatto attivo con bambini 'diversi'.

• *Nei suoi laboratori, con i bambini lei quasi non usa il linguaggio parlato…*

Infatti, quasi niente.
Ho notato che i bambini giapponesi sono educati, osservatori; non sporcano, non fanno cagnara e sanno usare le mani, perché già dai tre anni cominciano a imparare a piegare la carta, gli origami.
Invece i nostri bambini, non tutti per fortuna, sono quasi sempre superficiali, possessivi, violenti. Se c'è un oggetto, chi lo prende per primo lo considera suo.

Pensi che in Giappone, per attraversare la strada dove c'è una scuola, i bambini piccoli vanno dove sono le strisce bianche e lì c'è un cestino con bandierine di plastica leggerissima color arancione. Loro le prendono e attraversano la strada, segnalando così la loro presenza, e le depositano nel cestino che si trova sul marciapiede di fronte.
Qui da noi non si può. Nelle nostre città tutto quello che si sa fare è aumentare i divieti, mentre un popolo civile non ne avrebbe bisogno.

Risolvere i problemi alla base, questo insegna il pensiero orientale, e questo vale anche per l'educazione dei bambini.

La madre-nonna ‘invadente’

A questo proposito, proponiamo l’eloquente testimonianza di una giovane mamma.

Mia suocera è una donna efficientissima, abile in tutto, esperta in mille cose.
Il guaio è che me lo fa pesare…
A ogni passo un consiglio, un parere, che mi fanno sentire una bambinetta incapace.

Quando nacque il primo bambino, si piazzò in casa nostra dichiarandosi indispensabile.
Certo, mi aiutò molto i primi giorni, lavando le cose, riordinando la casa, preparando piattini gustosi che rendevano meno solo suo figlio.

Poi cominciò ad allargare il suo potere sul bambino. Mi risentii e mio marito, dopo non poche discussioni tra noi, la convinse a lasciarci e a tornare solo una o due volte la settimana.

Ora che è nato il secondo, la cosa si è ripetuta, con l’aggravante che mio marito è lontano per lavoro e lei di nuovo, anziché aiutarmi con le faccende di casa, vuole gestire il neonato e soprattutto il primo che ha le sue belle crisi di gelosia, appesantite dall’assenza del padre cui è molto legato.

«Tuo figlio è un capriccioso e un cocciuto» mi ha detto inferocita. Dopo giorni di mansueto silenzio sono esplosa e le ho detto senza complimenti di andarsene.

«Non mi vedrai mai più» mi ha gridato. Ora sono qui; «Meglio sola che male accompagnata» mi dico, ma ho parecchi sensi di colpa (verso mio marito) e non ho risolto i miei problemi.

Due pani dolci

Pane savoiardo

Ingredienti

- 4 uova
- 4 cucchiai di zucchero vanigliato
- 3 cucchiai di farina
- 3 o 4 cucchiai di marmellata
- 1 noce di burro

Occorrente

- 1 bacinella
- 1 frusta (o un robot da cucina)
- 1 teglia da forno

Sbattete a neve le chiare e unitevi lo zucchero, i tuorli e la farina. Stendete il composto sulla teglia imburrata e infornatelo.
Una volta cotto, tagliate il pane in due parti e sovrapponetele frapponendo la marmellata.

Pane al lievito

Ingredienti

- 2 uova
- 1 tuorlo
- 150 g di burro
- 300 g di farina
- 210 g di zucchero
- 1 o 2 cucchiaini di lievito (in bustina)

Occorrente

- 1 bacinella
- 1 frusta (o un robot da cucina)
- 1 stampo ad anello

Lavorate il burro da solo, quindi unitevi il lievito, lo zucchero, le uova e la farina. Versate il composto nello stampo unto e infarinato e, prima di infornarlo, lucidatelo con l'albume e cospargetelo di granelli di zucchero. Una volta cotto lasciatelo raffreddare e quindi tagliatelo a fette regolari.

(Ricette ispirate da *Manuale di cucina, pasticceria e credenza per l'uso di famiglia,* 1910, Premiata Tipografia-Libreria Emiliana, Venezia)

Quando i nonni si moltiplicano

Ecco la testimonianza di un nonno a proposito delle 'famiglie allargate'.

Nostro figlio, sì, Toni, il secondo, quello che ha due bambini, si è risposato dopo una separazione burrascosa e una situazione di divorzio ormai, per fortuna, tranquilla e civile.
Ha sposato una donna con una figlia piccola avuta da un altro matrimonio. Un vero pasticcio, secondo me.

Fin dal principio Toni ci ha messo davanti al fatto compiuto, spiegandoci ben poco. Noi non ci siamo intromessi, anche se talvolta pensavamo, davanti alla sua irruenza e ai suoi mutismi, che nostra nuora qualche buon motivo l'avesse anche lei.
Ci sarebbe piaciuto parlarne, ma non è stato possibile. Del resto, fin da quando era ragazzo, non sono mai stato capace di avere un dialogo con lui.

Natale passato ci ha invitato a casa sua per festeggiare i tre bambini, con tutti i nonni, cioè noi e quelli della bambina.
Io mi sono sentito proprio a disagio. Invece mia moglie, più tollerante, m'ha detto: «Andiamo, non ci mangeranno mica. Se rifiutiamo, rischiamo magari di rompere con i nipotini. Io non voglio. Guarda, io vado in ogni caso».

Ha tanto insistito che ho ceduto. Però non me ne sono pentito. La piccola è graziosa. I nuovi consuoceri sono simpatici e affettuosi con i nostri bambini, anche se sono più ricchi e colti di noi. («Forse per questo non volevi conoscerli», mi ha detto ridendo quella strega di mia moglie.)

I due nonni materni invece hanno invitato i bambini e la madre a Capodanno in Liguria. Così almeno i piccoli mantengono i legami con tutti.

Inseparabili

Colloquio con Lalla Romano, scrittice

• *Nel proporci di raccogliere alcune testimonianze sul rapporto nonni-nipoti abbiamo pensato a lei in modo particolare, dato che sui rapporti con suo nipote ha scritto dei libri. Certo, riguardavano la sua infanzia; adesso è grande.*

La vera scoperta dell'infanzia l'ho fatta con lui. Ho visto però che succede a tutti: con i figli siamo troppo legati, passionalmente, carnalmente; e poi ci sono i problemi dell'educazione, dei rapporti; siamo ancora giovani noi.

Invece con i nipoti (con i bambini degli altri in genere; potrebbero essere anche dei vicini) si scopre l'infanzia come delicatezza, come infanzia non solo di ciascuno (la propria) ma dell'umanità: tutti i bambini del mondo che sono (o rappresentano) quello che sarà l'umanità.

• *Quale differenza ha sentito, prima ancora che come scrittrice, tra l'essere madre e l'essere nonna?*

È molto diverso, effettivamente; credo che sia così per tutti tranne forse per chi ha avuto parecchi figli, come nelle grandi famiglie di un tempo, dove a volte si faceva l'esperienza di avere figli ancora abbastanza piccoli e magari il figlio più grande con un figlio a sua volta. Ma questi sono casi a parte.
Invece, quando si tratta di un figlio unico e poi di un nipotino, la differenza sta nell'epoca, come nelle cose pratiche.
Quando è nato mio figlio, benché seguissi abbastanza le indicazioni più moderne, non c'erano ancora tutte le cose che ci sono oggi per i bambini. Quando ho avuto ospite il mio nipotino, non è stata tanto l'emozione a prendermi, quanto l'esperienza proprio di averlo in casa. Il mio libro è appunto intitolato *L'ospite* e si riferisce a quando ho avuto in casa questo bambino piccolo e non sapevo neanche più da che parte cominciare. È stata l'esperienza di queste difficoltà, ma soprattutto, dato poi il

mio temperamento, la scoperta di chi è, che meraviglia è un bambino e un bambino sano, intelligente. Sebbene non parlasse ancora, c'erano i suoi versi, i versi che fanno i bambini piccoli; c'era già una volontà di comunicare. Di qui la scoperta assai significativa dell'importanza di un bambino piccolo, unita al resto.

In genere, verso i nipoti, i nonni non devono sostituire i genitori, mai. Mio marito me lo diceva sempre: «*Noi non dobbiamo essere severi; severi devono essere i genitori, noi no*».

Il rapporto con i nonni è diverso: i nonni devono rappresentare appunto, un affetto protettivo, soltanto protettivo. Sono tutte belle cose da dirsi; poi, quando i genitori di mio nipote si sono separati, allora il nostro compito è stato più importante; abbiamo contato molto per lui.

Adesso è frequente che i bambini facciano l'esperienza della separazione dei genitori e che talvolta diventino 'contesi'. Io sono per la libertà e perciò anche per la libertà di divorziare, però so quanto soffrono i bambini delle coppie che a un certo punto non si amano più e si separano. Le conseguenze per i figli sono sempre molto gravi.
Quando sono grandi, forse possono affrontare il problema, ma quando sono piccoli... Del resto succede anche in un matrimonio felice che uno dei coniugi muoia. Però, per i bambini che sono già in grado di capire, la separazione dei genitori ha conseguenze gravissime. E se questo non basta a impedire che le coppie disunite si separino, tuttavia è un problema che va affrontato con molta serietà, perché i bambini devono essere molto difesi.

Questa cosa io l'ho sentita molto e l'ho raccontata nei libri, soprattutto nel secondo che ho dedicato a mio nipote, *Inseparabile*.
È la storia dell'infanzia del mio nipotino che, come avevo raccontato ne *L'ospite*, era un bambino nato particolarmente felice, e anche i suoi genitori come coppia erano felici. Poi la vita ha portato a difficoltà, a incomprensioni e infine alla separazione, e questo bambino ne ha sofferto moltissimo. Adesso è un giovane uomo, ma per tutta l'adolescenza questa situazione ha pesato ancora molto su di lui.
Certo, oggi sembra facile: se il matrimonio non è riuscito, si può scio-

glierlo e formare un'altra unione. Agli inizi io, che non sono tanto portata a eccitarmi per le novità, dicevo: «*Se uno ha trovato la persona sbagliata nel primo matrimonio, rifarà lo stesso errore nel secondo*». Invece non è vero; molte volte la seconda unione è migliore della prima. Tutto questo va bene: ma i bambini?

Per esempio, il nostro nipotino: vedevamo che soffriva moltissimo, soprattutto di non vedere suo padre, perché nella sua situazione non era possibile. Naturalmente ogni caso è diverso e unico. Sempre più me ne convinco per quel che riguarda non solo la letteratura, ma anche la moralità: fare saggi sugli argomenti in generale è facile, ma le cose avvengono nella vita caso per caso. E allora ognuno ha, secondo me, non solo il diritto ma il dovere (se scrive) di parlare del suo caso, che naturalmente avrà molto in comune con il caso di altri, ma non tutto.

• *Che cosa ha significato la nascita di questo nipotino in rapporto alla sua personale 'visione del mondo', al suo modo di intendere la vita? Le ha dato una prospettiva diversa?*

Un po' sì. C'era stato un articolo, quasi un piccolo saggio, di Pasolini sul mio libro *L'ospite*: lui diceva che era una forma di innamoramento. Naturalmente l'articolo, sotto questo aspetto, aveva scandalizzato molta gente. Ma diceva anche che aveva calcato la mano su questo fatto perché non sembrasse che in questo libro ci fosse solo il ritratto di un grazioso bambino o l'amore di una nonna. Io poi sono anche d'accordo che sono forme d'innamoramento, cioè forme di attaccamento molto forte, che possono anche diventare morbose, ma non è detto.

Ci sono molti amori, che sembrano proibiti e non sono affatto morbosi... Dipende dallo spirito con cui le cose son fatte. La grande difficoltà nella morale è, essendo morali, di non essere Donna Prassede, che il Manzoni ha dipinto per tutti: la persona piena di buone intenzioni ma nel contempo terribilmente scomoda e addirittura ingiusta. È un esempio eccessivo, ma che sempre bisogna tener presente parlando di moralità.
Io però non sono fatta per occuparmi di bambini. Mi piace soprattutto vederli o ascoltarli, in genere tutti i bambini, specialmente adesso che sono allevati con maggiore libertà.

E poi nel mondo è successo questo: da molti uomini interessanti, anziani quando io non ero più giovane, ho sentito tante volte dire con rimpianto: «*Di mio figlio (dei miei figli) mi sono occupato solo quando era grande, quando aveva vent'anni*».
Prima, in effetti, i padri non guardavano nemmeno i propri figli quando erano piccoli. Sono passate così intere epoche!

Adesso ci occupiamo molto dei bambini, anche degli orrori che si commettono contro di loro; invece, in passato, a questo non si dava importanza.
E poi ai bambini ci pensavano le madri o, nelle famiglie abbienti, le persone di servizio in casa.
Questo in parte succede ancora, perché le donne credono di realizzarsi quando s'impiegano e passano la vita a battere a macchina per avere qualche soldo in più e i bambini li lasciano in mano alle baby-sitter, che non sempre sono all'altezza.

Ma anche qui non si può parlare in generale: ognuno che abbia consapevolezza di se stesso può forse dire cose che servono anche ad altri.

Le preferenze

Chiacchiere fra nonne.

Come si fa a non avere qualche predilezione! I quattro nipoti che ho la fortuna di avere vicino a casa mi piacciono tutti. Sono talmente diversi che è un piacere guardarli e stare con loro.
Però il maggiore è il mio preferito. Ah, io lo dico sempre: sveglio, capace, ubbidiente; è così fin da piccolo…
Mio marito, invece, non lo dà a vedere, ma sotto sotto preferisce la bambina.

Anch'io ho il mio debole: tra i due maschi, ormai grandicelli, presi da tante cose, e la piccola, ricciolini biondi e occhi verdi che letteralmente mi adora…
Quando la porto a spasso, tutti si fermano a guardarla. Dovreste vedere le feste che mi fa quando mi vede.

I miei due maggiori hanno avuto ciascuno una figlia: l'ultimo invece una coppia di gemelli, un maschio e una femmina molto somiglianti.
Ora hanno due anni: due veri terremoti. La consuocera e io abbiamo dato la nostra disponibilità per seguirli.
Io però ho detto: «Datemi Nicola, che mi trovo meglio. Ho avuto tre maschi e li preferisco. Le bambine con tutte le loro moine, non mi sono mai piaciute!»

Preferire vuol dire che qualcuno ci è più simpatico di altri (e questo è legittimo), che pensiamo a lui più spesso, lo accogliamo con maggior piacere rispetto ad altri.

Ma se questi sono fratellini (o anche cuginetti) che si sentono esclusi, meno degni del nostro affetto?
È giusto questo verso i bambini che chiedono solo di essere amati?

«*Ah, ma io non me ne faccio accorgere!*» E le loro sensibilissime 'antenne', dove le mettiamo.

Se non siamo più che onesti e vigili con noi stessi, rischiamo di far arrivare al nipote che ci delude o ci piace meno un messaggio negativo.

Chi perché è maschio o biondo, chi perché è il più piccolo o perché corrisponde al nostro modello ideale di nipote…
Di quanti pregiudizi si nutre una preferenza? E poi ci irritiamo (o ci preoccupiamo) perché nascono tra i bambini gelosie anche violente!

Ancora filastrocche…

Dal pollice al mignolo

Questo dice: «Non c'è pane».
Questo dice: «Come faremo?»
Questo dice: «Lo compreremo».
Questo dice: «Ce n'è un pezzetto»,
e questo dice: «Dallo a me
che son piccoletto».

A ricominciare sempre

C'era una volta un gattino,
che saliva per il camino:
il camino si ribalta,
te ne racconto un'altra.

Chi indovina in quale mano…

Pugno pugnetto,
vuota un pochetto:
pugno ruota,
qual è piena e qual è vuota?

(da N. Orengo *A-Ulì-Ulè*, Einaudi, Torino)

Altri tipi di nonni

Il nonno giocherellone...

Questa specie di nonno, con una vitalità adolescenziale, burlone e sempre pronto con grandi e piccini alla storiellina e alla battuta, sembra muoversi all'insegna di 'prima di tutto divertirsi'.
È una variante gradevole, se non si esagera.

Brillante e seducente, ha in sé una voglia evidente di protagonismo, un suo modo innocente per tenere lontana la 'dama in nero'.
Di solito queste caratteristiche si accompagnano a una prodigalità che rasenta lo spreco e a un senso di complicità un po' fuori misura, che piace ai ragazzi ma inquieta i loro genitori.

...e il nonno severo

È la versione opposta. Un'infanzia vissuta in modo rigido all'insegna dell'obbedienza 'pronta, cieca e assoluta', come si diceva un tempo, e una giovinezza densa di sacrifici lo hanno convinto che le 'moine' sono superflue e i regali spesso inutili.

Assume un'aria rigida, dai toni che possono apparire noiosi. Invia doni generosi ai compleanni, ma ogni volta che incontra i nipoti rischia di rispondere ai loro saluti con qualche osservazione in negativo. Eppure i suoi sguardi sono intensi, desiderosi di stabilire un contatto con loro.

Conosco un tipo così. Alla soglia degli ottanta è stato letteralmente sedotto dal più piccolo dei suoi pronipoti: un frugolo di tre anni che ha i suoi stessi occhi azzurri. «Ti vojo bene,» gli ha detto un giorno il piccolo, mentre il bisnonno gli metteva davanti una tazzina con il gelato. «Quanto mi vuoi bene?» ha chiesto lui ridendo. E il piccolo, dopo averci pensato: «Due litri».

(Un'educatrice)

Uno scherzetto con la carta

Occorrente

- 1 foglio di carta
- 1 matita
- 1 paio di forbici

Realizzazione

Preparate un foglio con le righe disegnate come nell'illustrazione e proponete al bambino di tagliare con cura: che succederà?

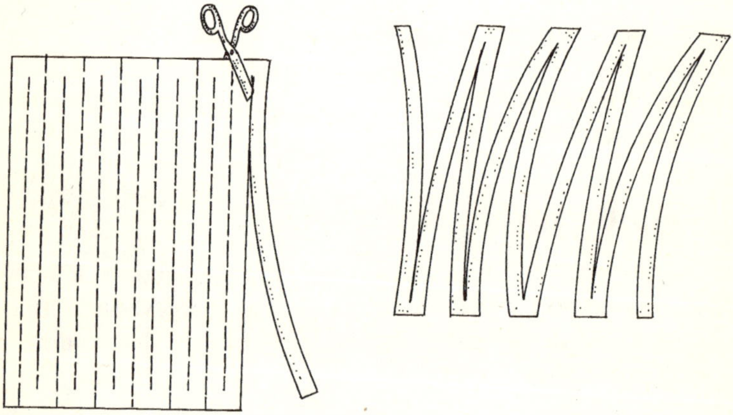

Nonni-genitori per forza

Ho sessantacinque anni e ancora molte energie. Fino allo scorso anno vedevo i nipoti almeno due volte la settimana. Venivano qui: uno usciva con mio marito e il piccolino restava con me, o viceversa, un vero piacere.
D'estate li conducevamo con noi al mare, anche quindici giorni: era proprio bello. Poi, la catastrofe. Esagero. Non so.
Mia nuora, che pure è una donna positiva, ha deciso di andare via con un altro in un quartiere periferico e mio figlio è tornato a vivere con noi, per sua comodità (chi lava? chi stira?) e anche per non far cambiare scuola ai bambini.

Risultato? Siamo tornati a fare i genitori, con parecchi dubbi in più, perché so di essere con i piccoli molto più indulgente d'un tempo (e mio marito me lo rimprovera!) Così discutiamo e discutiamo, come non abbiamo mai fatto.
La mia tranquillità è finita, e così le mie letture, e devo ricominciare tutto da capo.

(Una nonna)

Ogni essere umano ha bisogno di trovare in ciò che fa una gratificazione. Può essere semplicemente riconoscenza chiaramente espressa, considerazione, che si aggiunge al piacere di stare con un nipotino.
Anche denaro, se è il caso.
Sono elementi indispensabili per una buona relazione.

Ci sono giovani coppie che si comportano con i loro genitori come se fossero ancora bambinetti. (Un altro retaggio dell'adolescenza?)
Tutto sembra loro dovuto: ricevere senza dare sembra ovvio.

Non solo consegnando un piccolino (spesso faticoso da seguire), ma portando anche il bucato e l'elenco della spesa («*Giacché vai…*»)
E tutto ciò senza compenso alcuno.

Ebbene, questo è sfruttamento bello e buono, almeno finché l'anziano non dice a pieno diritto: «*Alto là, questo non è più possibile*».
In molti casi, però, per timore di offendere, per la fatica di trovare altre soluzioni, le parole necessarie non vengono dette, e allora si accumulano disagio, malessere, una sorta di risentimento...

Viceversa, anche all'interno del cerchio familiare il dare non può essere a senso unico, ma uno scambio affettivo dinamico in cui ciascuno offre e riceve allo stesso tempo.

Mia figlia ha trovato una buona soluzione. Il mattino presto i gemellini vengono qui e mezz'ora dopo arriva anche una brava figliola che un po' aiuta per le faccende e un po' gioca con loro o ne conduce a turno uno a passeggio.
Così il peso è suddiviso e alla fine ho anche la casa in ordine.
Mi piace molto preparare il pranzo per me e per i piccoli e mangiare con loro, ma tutto da sola non riuscirei a farlo.

(Un'altra nonna)

Certo, è bello potersi appoggiare a un nonno: «*Ti lascio un'oretta Marco perché devo andare...*» Il piccino è sempre bene accolto, come una luce, un piccolo fuoco che scalda.
Però, da questo ad approfittarsene di continuo senza riguardi né preavviso ne passa.

Genitori magari anziani 'usati' per comodità, per piccolo egoismo e raramente un grazie, un regalino affettuoso, una proposta: «*Verresti con noi domenica?*»

Certo che sono contenti di vedere i nipoti, ma chi non si aspetterebbe un filo di gratitudine anche per un 'servizio' prestato per amore?

Genitori attempati, quasi nonni

Le donne che partoriscono a sessant'anni medicalmente assistite o le coppie sulla cinquantina che esultano all'idea di poter adottare un neonato sembrano attraversate da una stessa eccitazione 'genitoriale' e, sia permesso dirlo, da uno stesso egoismo.

La 'voglia di figli' va bene, ma qualcuno pensa ai bambini?

Qui si tratta di genitori-nonni (per loro scelta, s'intende) che non sembrano riflettere sulla fatica e sull'elasticità necessarie per seguire un bambino nei suoi primi anni e tanto meno sull'energia che, due o tre lustri dopo, quello stesso figlio adolescente richiederà, sorpassando di due o tre generazioni le idee e le intenzioni dei suoi genitori.
E poi conviene essere realisti: più si è 'in là' negli anni, più aumenta, secondo le leggi inarrestabili della natura, il rischio di diventare meno abili e veloci, se non di perdere la salute.

E allora, quale regalo di vita facciamo a questo figlio che vogliamo piccolo a ogni costo per modellarlo a nostra immagine e misura?

L'affido e l'adozione

Se abbiamo tanto da dare in amore, energie, denaro, prendiamo piuttosto in affido uno o due bambini (una coppia di fratellini) che vivono una situazione di profondo disagio sociale e psicologico, oppure adottiamo un ragazzino già grandicello che altri hanno rifiutato.
Ci aggredirà con il suo dolore e le sue ferite? Ma questo accade anche con i 'figli di sangue', anche questi possono perdersi adolescenti e deluderci...

Dargli un futuro, consolarlo, questa sì che è opera umana grandiosa. Temiamo i rischi d'una tale scelta? Nessuna esperienza ne è priva.

L'adozione 'a distanza'

Bello è anche l'istituto dell'adozione 'a distanza' che consente di aiutare uno o più bambini senza portarli via dal gruppo umano cui appartengono, senza rischiare di farli sentire diversi qui da noi, solo perché sono neri o hanno gli occhi a mandorla.

> *Una volta all'asilo una bambina mi ha detto che non potevo giocare con lei perché ero negra. Io le ho risposto che era lei brutta e bianca come lo yogurt e la mozzarella.*
>
> (Isabel, un bambina di nove anni, da 'La Repubblica', 7 agosto 1994)

Genitori e nonni: una differenza che è biologica e psicologica al tempo stesso.

> *Padre che muori tutti i giorni un poco,*
> *e ti scema la mente e più non vedi*
> *con allargati occhi che i tuoi figli*
> *e di te non t'accorgi e non rimpiangi,*
> *se penso la fortezza con la quale*
> *hai vissuto, il disprezzo c'hai portato*
> *a tutto ciò che è piccolo e meschino,*
> *sotto la rude scorza*
> *l'istintiva poesia della tua anima,*
> *il bene c'hai voluto alla tua madre,*
> *alla sorella ingrata, a nostra madre morta,*
> *tutta la vita tua sacrificata,*
> *e poi ti guardo così come sei,*
> *io mi torco in silenzio le mie mani…*
>
> (C. Sbarbaro *Padre che muori tutti i giorni un poco…*, da *Pianissimo*, 1994, in *L'opera in versi e in prosa*, Garzanti, Milano)

Nostalgia di un amore

Due 'sfoghi' da parte di giovani donne (e mamme). La prima con una madre troppo giovane; la seconda con una madre troppo assente.

Che noiosa mia madre! A ogni passo: «Io facevo così», «Io facevo cosà...»
Oppure: «Quando sei nata tu, si dava il biberon senza tante storie». A me invece piace allattare il mio piccino. Il medico me l'ha raccomandato proprio perché è nato al limite del peso. Ho molto latte e gli dò il seno con piacere.
Mia madre (non ha ancora quarantacinque anni ed è tutta pimpante, brava a truccarsi, esperta in aerobica e in diete per non superare i suoi cinquantotto chili) mi guarda con commiserazione e un certo disgusto.
«Guarda lì, sembri una mucca. Ti sformerai, ti cascherà il seno. Sei la solita, tu. Non sembri nemmeno mia figlia, eccetera eccetera eccetera».

Il bambino lo ha guardato un po', si è quasi emozionata la prima volta.
Ma subito dopo ha detto: «Quei mostriciattoli piangenti non mi sono mai piaciuti».
Ed è vero, perché io sono stata allevata ed educata dalla mia nonna paterna.
Avevo vent'anni quando è morta: sentii allora di perdere la mia vera madre.
Ora mi manca, mi manca tanto.
Vorrei che mi desse ancora del suo calore, che mi aiutasse, che facesse, come allora, da ponte con i miei genitori, sempre gelidi, distanti, distratti da tante cose...

Un bambolottino di lana

Che bello per un bambino veder 'nascere' una bambola sotto i suoi occhi, vedere come prende forma e magari scegliere il colore dei capelli...

Occorrente

- 1 gomitolo di lana a 4 o 6 capi
- 1 paio di ferri del $2^1/_2$ o 3
- 1 grossa spilla da balia, 1 ago da lana
- fili di lana o di cotone colorati

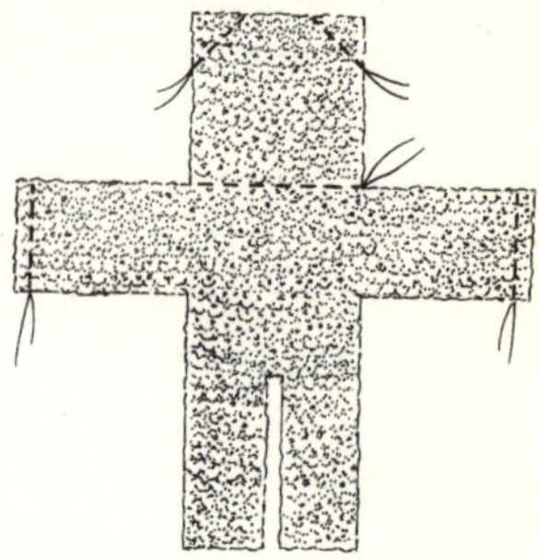

Realizzazione

Fate due sagome a maglia come nel disegno: lavorate 12 maglie per 12 ferri a maglia rasata (un ferro diritto e uno rovescio), per formare la testa: quindi aggiungete 9 maglie per lato (9+12+9=30 maglie) e lavoratele per 6 ferri diritti, per formare le braccia; poi chiudete le 18 maglie laterali e lavorate le 12 centrali ancora per 6 ferri diritti; infine formate le gambe, 6 maglie ciascuna per 10 ferri diritti (conviene metterne 6 sulla spilla da balia per lavorare più comodamente le altre). Unite quindi le due sagome lungo i bordi con piccoli punti a sopraggitto con la stessa lana, lasciando aperto un lato. Riempite con lana, ovatta da tappezzieri o anche con ritagli di gomma piuma, senza pigiare troppo, in modo che la bambola resti morbida. Cucite infine il lato lasciato aperto. Fate una filzetta tutto intorno al collo, subito sopra le braccia, così da poter tirare e stringere i due capi del filo di cucitura. In questo modo si otterrà la rotondità della testa. Ripiegando gli angoli superiori si creerà una testa di bambola; in caso contrario essi formeranno le orecchie di un animale. Dovete poi ricamare con i fili colorati gli occhi, il naso e la bocca. È meglio, però, non eccedere nei particolari, per permettere al bambino di immaginare e vedere la bambola a suo modo.

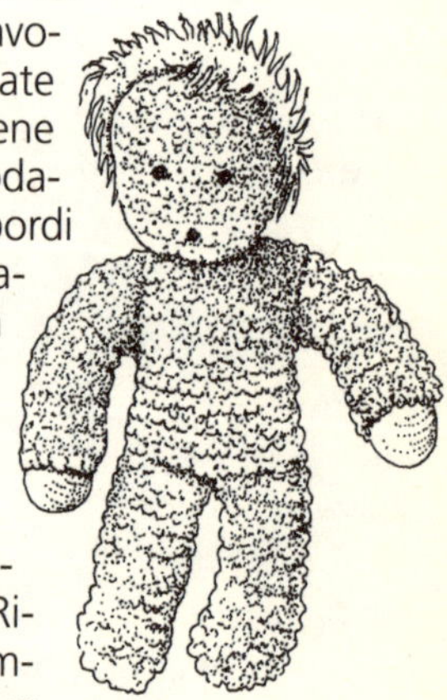

(Tratto da K. Neuschütz *Bambini e bambole*, Filadelfia, Milano)

A guardare il cielo

Nonni e bisnonni possono offrire esperienze indimenticabili.

Il bisnonno, tutte le estati, ci aspettava nella casa di campagna sulla collina.
Andavamo lassù noi e i cugini appena finita la scuola. Com'era bello! Le corse tra i filari di vite fino al grande noce, gli alberi di pesche e albicocche, i prati con le cavallette...

Con la nonna accudivamo i conigli e le galline, imparavamo i nomi dei fiori e delle erbe.
Sotto il porticato inventavamo un gran teatro, litigavamo, ruzzolavamo nel fieno fino a ubriacarci di una libertà impensabile nella cittadina in cui vivevamo.

Ma la cosa più bella che tutti a turno aspettavamo era la sera con il bisnonno a guardare le stelle.
Andavamo con una piccola pila ciascuno, due o tre al massimo perché non voleva confusione. Ci conduceva sul cocuzzolo della collina dove non c'erano alberi. Apriva un curioso libro azzurro a mezza luna che diventava un cerchio: lì c'erano tutti i nomi delle stelle e dei pianeti, a seconda dell'ora.
Poi con una sua pila tascabile lanciava un lungo raggio nel cielo e ci aiutava così a riconoscere le costellazioni, i frammenti di galassie, a disegnare nella nostra immaginazione i mitici personaggi della volta celeste.

Nei giorni di luna piena andavamo a letto più tardi. Andavamo tutti insieme lassù e anche la nonna veniva.
Cantavamo e guardavamo con il cannocchiale i monti grigi di una incredibile luna, di cui serbavo nostalgia per tutto l'inverno successivo...

(Un giovane uomo)

Un aquilone

Occorrente

- 1 canna di bambù
- 1 foglio di carta pergamina
- 1 gomitolo di spago sottile
- 1 cartoncino
- 1 rotolo di scotch
- 1 barattolo di colla (non acquosa o stick)
- 1 paio di forbici
- alcuni pennarelli
- 1 coltello affilato
- 1 riga
- 1 matita
- 1 graffettatrice

Realizzazione

Tagliate la canna in modo da formare due segmenti lunghi rispettivamente 60 cm e 40 cm.

Tagliate la carta pergamina come illustrato nella figura 1 lasciando un margine esterno di 3 cm. Tagliate il resto della carta in rettangoli delle dimensioni di 40x3 cm. Graffettate gli estremi dei rettangoli formando degli anelli concatenati l'uno all'altro; le catene così ottenute, due della lunghezza di 2 m e una della lunghezza di 3 m, saranno le code dell'aquilone (fig. 2). Applicate le stecche all'aquilone con lo scotch, ripiegate il margine esterno (sovrapponendo gli angoli) e incollatelo (fig. 3). Applicate quindi le code. Preparate infine una maniglia di spago lunga circa 40 cm. Applicatela all'aquilone 10 cm sopra l'incrocio delle stecche e 20 cm sotto l'incrocio, dopo aver inserito lo spago in un triangolo di cartone (fig. 4). Nello stesso triangolo di cartone inserite un altro spago lungo almeno 10 m (figg. 4 e 5).

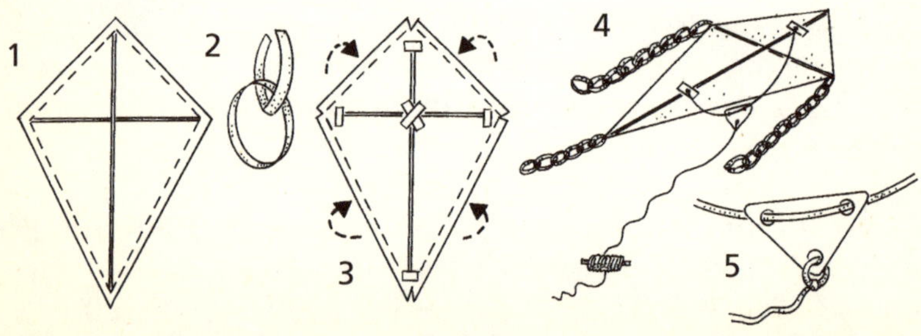

Un nonno da adottare

Oggi si vive in condomini così grandi che si ha timore di un'intimità troppo ravvicinata. Meglio tenere a distanza i vicini con un saluto formale che rischiare di subire invasioni indesiderate.
Eppure, non tutti la pensano così.

I Marchini

I Marchini che abitano al secondo piano, con tre figli, quando arrivarono in novembre da un'altra regione presero un'iniziativa inconsueta: quella di infilare un biglietto nella casella di ciascuno dei condomini invitando a passare da loro il sabato seguente per prendere un caffè o un tè insieme.
«Pochi minuti, giusto per conoscerci un poco.»

Gli altri, sorpresi e incuriositi, avevano accettato, quasi tutti almeno. La porta dell'appartamento era rimasta aperta tutto il pomeriggio: i biscotti e le torte fatte in casa, le aranciate avevano accolto con allegria i bambini del casamento.

Gli adulti, dapprima con un vago imbarazzo, si erano scambiati il benvenuto. Alcuni si erano fermati più di altri. Ultimi erano passati la coppia senza figli del terzo piano e il maestro di musica in pensione che vive solo a pianoterra. È lui che cura con passione il giardino comune e i vasi dell'entrata: su questo tema si erano intrecciati discorsi e promesse di rivedersi.

Risultato? Intanto si è visto subito che, quando ci si incontra al portone, i saluti di tutti sono un po' meno formali, poi, nel tempo, il guadagno migliore l'hanno fatto proprio i Marchini e il maestro di musica, che è sempre di buon umore e pronto a suonare qualcosa per i bambini. Un quasi nonno ormai, entrato a poco a poco nella famiglia con discrezione e simpatia da ambo le parti.

La nonnina parcheggiata

Si legge su un quotidiano di un cagnolino chiuso in un'automobile al sole e morto per disidratazione.

Anche una nonna è stata dimenticata per ore in un parcheggio. Per fortuna non le è successo niente, fisicamente parlando.

Il vecchio nonno che 'intralcia' le vacanze in arrivo, soprattutto quelle lunghe d'estate, viene anche lui parcheggiato in un ospedale, inventando un malessere da pronto soccorso che, nello spavento del ricovero e delle inevitabili indagini cliniche, diventa facilmente disturbo vero, depressione, triste permanenza a letto.

È storia frequente e amara dei giorni di festa...

C'era una volta un povero vecchierello, che aveva gli occhi appannati, era sordo, e gli tremavan le ginocchia.

A tavola riusciva a stento a tener il cucchiaio, versava la minestra sulla tovaglia, e gliene colava un po' anche fuor dalla bocca. Il figlio e la nuora ne eran disgustati; e così alla fine il vecchio nonno dovette sedersi nell'angolo dietro la stufa, e gli diedero la sua minestra in una scodellina di terra.

Una volta le sue mani tremanti non riuscirono nemmeno a tener ferma la scodellina, che cadde in terra e si ruppe.
La giovane donna lo sgridò, ma egli sospirò e non disse nulla.

Allora ella gli comprò una scodellina di legno da pochi centesimi, e in quella egli dovette mangiare.

Mentre se ne stavan così seduti, il nipotino di quattro anni, per terra, metteva assieme delle assicelle.
«Che cosa fai?» gli domandò il padre. «Faccio un piccolo truogolo,» rispose il bambino, «perché ci mangino babbo e mamma, quando sono grande.»

Allora marito e moglie stettero un po' a guardarsi e poi si misero a piangere. E subito condussero a tavola il vecchio nonno, e da allora in poi lo fecero sempre mangiar con loro.

(J. e W. Grimm *Il vecchio nonno e il nipotino*, da *Fiabe*,1812, Einaudi, Torino)

Passeggiando nel sonno
il nonno è andato a Onno
per ragioni di rima.
Onno è lassù sul lago,
in quel ramo del lago
che volge a mezzogiorno.
Presto farà ritorno.
Ora forse si sveglia
passando per Moneglia,
ma che bella mattina
sui monti di Cortina!
A Fiumelatte il latte
è un latte di sorgente.
La sveglia batte e batte
ma il nonno non sente.
Che nonno dormiglione,
passeggia per Gardone,
di nuovo s'addormenta
in vista di Pomposa,
si sveglia a Massarosa,
sbadiglia ma non tenta
d'alzarsi, si rimette
sotto il dolce lenzuolo
in vista di Sonnino.
Forse è tornato al Polo
accolto dall'inchino
del solito pinguino.
Il nonno dormiglione
va in cerca di ricordi
per raccontarli a voi.
E vola dal Giappone
al West dei cow-boys,
poi naviga nei fiordi.
Passeggiando nei sogni
il nonno vede in ogni
paese la bandiera
della terra felice.
Si sveglia nella favola.
C'era una volta, dice,
la bella lontananza.
Una piccola stanza,
il lume sulla tavola,
il vento, la paura,
bastava all'avventura.
Ora tutto è vicino
ma, a chiuder gli occhi,
il bianco
lenzuolo è già la vela
d'un viaggio infinito.
Si parte da Tudela
si naviga per Mito
si mangia a Castelfranco.
A tavola la Storia,
la luna e la memoria,
la bella Geografia
che c'insegna la via.

(A. Gatto *Il nonno*, da *Il vaporetto*, Nuova Accademia, Milano)

Il sole della vecchiaia

I nonni parlano spesso per proverbi…

«Io sono all'antica…»

La mia bisnonna parlava spesso per proverbi e ora, nei momenti più impensati, l'uno o l'altro mi affiorano alla memoria.
Lunghi discorsi già passati nell'aria di casa lei li riassumeva sempre con una frase lapidaria del tipo: «Chi ha tempo, non aspetti tempo» o anche: «Chi comincia di buon mattino è già a metà dell'opera». È curioso come molti dei suoi proverbi riguardassero l'uso del tempo, proprio lei che all'epoca ne aveva tanto. Diceva anche: «Chi dorme non piglia pesci», frase che innervosiva mio fratello che aveva risvegli faticosi e la sera non sarebbe mai andato a letto. Per mia nonna non c'erano… allodole e gufi. Bastava la famosa «buona volontà». Lei poi era sempre in piedi il mattino alle sei, in tutte le stagioni, e così doveva essere per gli altri. «Tutta salute,» aggiungeva. Se ci vedeva ciondolare annoiati, arrivava l'immancabile: «L'ozio è il padre dei vizi». E noi dietro, un po' beffeggiandola, a dire: «L'occhio è il padre dei vicchi». Un non-senso mormorato appena: guai se ci avesse sentito.

A volte non brontolava soltanto; tirava fuori qualcosa di insolito da proporci: una piccola scatola a sorpresa, un lavoretto da realizzare con un quadrato di carta. L'uccellino che muove la coda o la rana che salta (oggi piacevoli origami in carta raffinata) lei ce li insegnava con carta di giornale, insieme con bicchierini e barchette per giocare nell'acqua.
Quando arrivò la televisione, non le piacque e non ci si abituò mai. Diceva che era finta e che per i suoi gusti andava troppo veloce. Quando eravamo catturati a guardarla, ci osservava scuotendo la testa e disapprovando. «Perdere tante ore, senza fare nulla!» «Ma s'imparano molte cose», diceva mio padre. «No,» diceva lei, «io sono all'antica, s'impara solo con il cuore e con le mani.»

Una barchetta per giocare nell'acqua

Occorrente

- 1 tavoletta di compensato delle dimensioni di 28x7 cm e alta 8 mm
- 1 barattolo di colla per legno
- 1 foglio di carta vetrata n. 1
- 1 bastone lungo 15 cm del diametro di 2 cm
- 1 bastone lungo 8-10 cm del diametro di 0,5 cm
- 1 triangolo di stoffa (per la bandiera)
- 1 barattolo di 'flatting' (vernice impermeabilizzante per legno)
- 1 trapano
- 1 pennello
- 1 bottiglia di acquaragia (per pulire il pennello)
- 1 giornale (per proteggere il piano di lavoro)

Realizzazione

Segate la tavoletta in due rettangoli (14x7 cm). In uno di questi, a distanze regolari (fig. 1), praticate con il trapano quattro fori: tre del diametro di 2,2 cm e uno del diametro di 0,5 cm. Lisciate bene con la carta vetrata soprattutto i fori grandi, verificando che il bastone da 2 cm entri con facilità in essi. Incollate le due tavolette e mettetele sotto un peso. Poi, da un lato tagliate via gli angoli e dall'altro arrotondate gli spigoli con la carta vetrata, lisciando accuratamente il blocco (fig. 1). Nel foro piccolo fissate il bastone da 0,5 cm alla cui sommità incollerete la bandierina (fig. 2).
Prima di metterla in acqua, è necessario verniciare la barchetta con il 'flatting' per rendere impermeabile il legno.
Tagliate il bastone da 2 cm in tre blocchetti lunghi 5 cm: saranno i 'viaggiatori' (fig. 2). Converrà verniciare anch'essi.

(Liberamente tratto da 'Il Quaderno Montessori', n. 13, 1987)

1

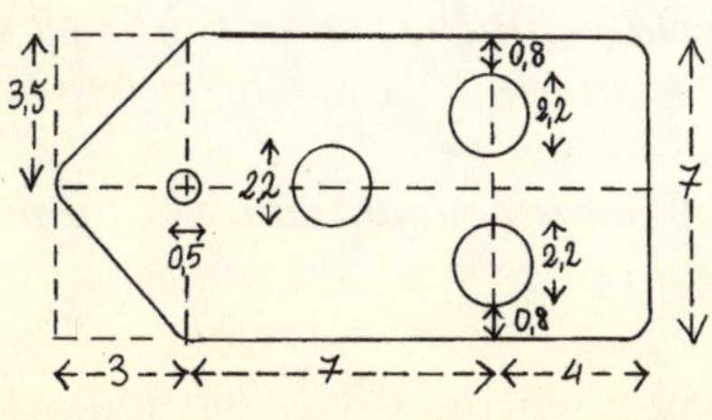

2

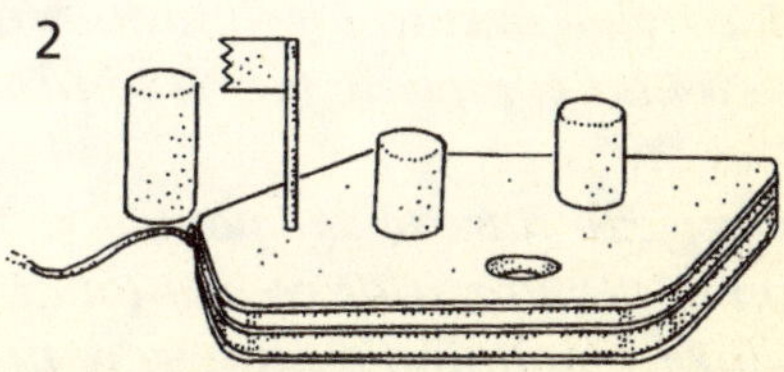

Rispettare l'anziano

Uno degli atteggiamenti più penosi che giovani e meno giovani (figli, infermiere, persone di compagnia) assumono verso l'anziano che, divenuto infermo o inabile, è da accudire in tutto o quasi come un piccolo bambino è quello di trattarlo appunto come un bebè.

Si adottano toni puerili, parole deformate, ridicoli diminutivi, anziché parlare in modo forse più lento e scandito, ma comunque con il linguaggio di chi si rivolge a un adulto.

Né, certo, si usa il bel linguaggio senza parole che si adopera con un neonato, fatto di gesti gentili, sguardi, carezze.
Un anziano è comunque considerato in modo più negativo, anche quando non è affatto il caso.

Non bisogna 'scimmiottare' i bambini...

Già per i bambini piccoli che, per imparare a parlare bene, hanno bisogno di ascoltare un buon linguaggio, quelle brutte imitazioni dei loro primi, coraggiosi tentativi verbali sono un vero 'disastro'.

«Sono tanto graziosi...»

«A voi de cena?» (Che vuoi di cena?) dice la piccola Giulia di tre anni che, carta e matita alla mano, traccia segni che per lei sono l'elenco dei cibi da comprare per la cena.

Per perfezionare le sue parole, avrebbe bisogno di sentire dai grandi le parole esatte: «Che cosa vuoi di merenda?»
Oppure: «Andiamo a preparare la cena».

E invece la zia insiste a deformarle, accentuando gli errori perché, dice: «Sono tanto graziosi».

...ma soprattutto gli anziani

Un bambino comunque ha molte risorse per correggersi e per perfezionarsi da solo, se gli adulti non si mettono tutti a scimmiottare il suo linguaggio infantile.

Ma un anziano che si sente preso in giro, solo perché gli ciondola la testa e parla poco, non può non sentirsi ferito nella sua dignità di persona adulta.

L'ora del tè

Vado a trovare in una casa di riposo una signora che non vedo da due anni. Si sforza ancora di camminare con il suo bastone, malgrado il tremolio del corpo.
Ha perso la parola, ma è avida di ascoltare. Mi fissa attenta mentre le parlo di persone amiche.

Arriva l'ora del tè. L'addetta di turno serve con garbo i presenti. Quando però arriva a lei: «Non sbrodolarti, come al solito,» le dice con allegria, e le dà un buffetto sulla guancia, lanciandomi un sorriso d'intesa che non raccolgo. Guardo invece la signora. Il tremolio delle mani sembra aumentato. Cerco di aiutarla con discrezione, sentendomi a disagio.

Dopo una mezz'ora l'altra torna: «Brava, brava. Eh, ti hanno aiutato oggi!» Poi rivolta a me: «È proprio brava, sa, solo un po' pisciona». «Ma come si permette!» le dico irritata. «Uff, quante storie. Se stesse qui anche lei tutto il giorno, vedrebbe che non sono altro che bambini e che come tali vanno trattati.» Rispondo per le rime, ma sento che è del tutto inutile. La signora mi guarda: gli occhi le si riempiono di lacrime. D'improvviso mi assale il timore che le mie rimostranze possano aggravare la situazione. Come a scuola, quando una madre non osa criticare la maestra o il professore per timore di una 'rivalsa' sul figlio. Quando esco di lì, mi sento umiliata e un po' vigliacca.

Sappiamo che i bambini non vanno mai trattati così: ironizzando sui loro problemi, mettendo in piazza davanti a chiunque le loro difficoltà o imperfezioni. Oltre tutto, non giova a nulla.

Questo retaggio di educazione repressiva e destrutturante vogliamo allora conservarlo per quegli anziani il cui ciclo vitale si chiude tra tante difficoltà?

Un modo per prendere le distanze dalla vita

Alcuni arrivano lucidi alla conclusione della loro vita, a volte sereni, a volte inquieti.

Altri perdono del tutto la consapevolezza di sé, di dove sono, dei parenti. Conservano tracce del loro passato, ma non possono essere lasciati soli perché non sanno più quello che fanno.

Comportamenti noti, di facile diagnosi; dolorosi e difficili per i familiari, per gli amici o per chi si prende cura di queste persone.

Un medico esperto, acuto osservatore, suggeriva l'ipotesi che molte persone prendano così, a poco a poco o d'un tratto, le distanze da ciò che hanno amato. Senza rendersene conto, si distaccano per tempo da una conclusione e da una decadenza che in qualche modo la loro mente 'sa' di non poter sostenere.
Sarà davvero così? Ancora una volta come bambini molto piccoli, ma bambini non sono...

L'ultima soglia

Quando un anziano se ne va, muore con lui una parte di mondo: memorie dell'infanzia e della famiglia, esperienza e abilità forse irripetibili, ricordi particolari del suo e del nostro tempo di cui probabilmente non resterà traccia. Conviene pensarci per tempo: può dirci cose inaspettate, sommerse da lunghi anni e per le quali cercavamo una risposta. Può insegnarci una filastrocca, un gioco, una ricetta. Cose da poco? Forse, ma il vivere quotidiano è fatto spesso di piccole cose importanti come queste. Se sappiamo chiedere, anche gli anziani più restii e silenziosi regalano piccoli tesori per il piacere di sentirsi ancora ascoltati, riscoprono il gusto di comunicare, di dire.

«*Quando non ci sarò più, ti ricorderai...*» vuol dire anche: «*Sento di essere importante per te, per quelli che verranno*». Il senso di finitezza del vivere, che può essere amaro o difficile da sostenere, si stempera in un caldo sentimento di continuità nella memoria di coloro che amiamo e che ci sono vicini.

In nessuna relazione affettiva umana riusciamo ad amare con tanta tenerezza, ma anche con tanto stupito distacco e rispetto come amiamo i nostri nipotini.
Nella loro grazia ignara i bambini forse non sanno quanta gratitudine noi proviamo per loro, proprio per l'infinita possibilità di riparazione che essi ci consentono verso la vita, di cui, quando si diventa nonni, abbiamo ormai percorso gran parte.

Nel consapevole, sottile rimpianto che, inutile negarlo, accompagna il nostro ingresso in quella che il nostro tempo, per esorcizzare la paura della morte, chiama 'la terza età', il sorriso con cui i nostri nipotini corrispondono alla nostra tenerezza, ci regala, ogni volta, una briciola d'eternità.

(B. Fornari *Briciole d'eternità*, da 'Bollettino S.I.P.P.O.' anno IX, agosto 1981)

L'invasività medico-sanitaria

«*Si nasce soli e si muore soli*» si dice, nel senso che nei due passaggi è l'individuo, e lui soltanto, ad affrontare quell'esperienza. Eppure quale significato profondo assume l'accoglienza in questi due istanti di vita: da un lato lasciare il neonato nelle braccia materne, nel loro avvolgente calore, sotto gli occhi di lei; dall'altro accompagnare la persona che muore con le carezze, la presenza, la parola di amici e parenti affettuosi.

Ogni intervento troppo tecnico, soprattutto quello medico-sanitario che in entrambi i casi la fa da padrone, è un'intrusione violenta, soprattutto se è superfluo.
Impedisce l'intimità, il senso di pudore, il bisogno di consolazione.
Crea deserto, aridità. In altre parole de-umanizza. Per l'ospedale il neonato o l'anziano malato sono forse un caso o un problema in più; per l'essere umano che vive l'intervento sulla propria pelle è uno straniamento che ferisce e scoraggia.

Parole del nostro tempo come 'medicalizzazione della nascita' nei confronti di madre e neonato o 'accanimento terapeutico' nei confronti di anziani gravemente ammalati esprimono due poli di un fenomeno simile, che espropria da se stessi, annulla, e spesso aumenta le sofferenze.

Equivale a considerare l'essere umano alla stregua di un'automobile da far funzionare al meglio: una macchina senz'anima.

I neonati e gli anziani sofferenti

Pensiamo ancora ai neonati divisi dalle madri a pochi minuti dalla nascita, presi in carico da tecnici che, pur bravi nel loro mestiere, non possono certo conoscere lo speciale linguaggio non verbale che passa tra quel bambino e i suoi genitori, la madre in primo luogo. Nel 95% dei casi non c'è alcun buon motivo per farlo, eppure l'ospedale lo fa, offendendo gravemente le prime impressioni sensoriali.

Altrettanto è estremamente negativo separare l'anziano sofferente dai suoi punti di riferimento: nel momento in cui le capacità sensoriali (u-

dito e vista soprattutto) diminuiscono, rumori, odori, luci di casa, il proprio letto sono di grandissimo conforto.
Il tatto, il primo dei sensi che il neonato si avvia a esercitare, con l'esplorazione di tutto il corpo, è anche l'ultima soglia: quando la persona sembra non sentire più nulla, il contatto, la carezza leggera forse raggiungono livelli profondi, ancora sensibili.

I desideri per gli ultimi istanti

Quando si invecchia e si sta ancora bene, è importante dire in anticipo ai giovani di casa e alle persone amiche quali aiuti si desidera ricevere nel caso in cui ci si ammali.

La risposta non è scontata; c'è chi si fa promettere: «*Tentate tutto il possibile perché possa guarire*», e chi invece: «*Fate tutto il possibile perché possa morire tranquillo nel mio letto*».

È importante che la famiglia sappia con chiarezza i desideri della persona, per non delegare il trapasso alla struttura ospedaliera, per non imporre inutili cure che prolunghino in modo innaturale la vita e il soffrire.

Vittoria sulla paura

«Mi raccomando, non parlate troppo forte.»
Nella stanza più interna della casa la bisnonna sta morendo. È lì, nel suo letto, a occhi chiusi. Nel respiro un affanno inconsueto. Sembra già lontanissima.
Le figlie, nonne anche loro, hanno avvertito i giovani, subito giunti con i figli.
In altre famiglie i bambini sarebbero stati tenuti lontano per riguardo a lei: «Meglio non disturbare», o a loro stessi: «Meglio che non vedano, si possono spaventare».
Non così in questo largo, generoso gruppo familiare che ha scelto di non nascondere ai piccoli, pur proteggendoli, la verità delle cose.

«La nonnina ci sta lasciando», ed ecco, sono lì, attorno a lei: gli adulti quieti, commossi; i piccoli silenziosi e attenti. Non hanno paura perché non sanno, ma sentono che il momento è insolito, solenne.

Marta, che ha quattro anni e che abita al piano di sotto, è certo quella che ha avuto più consuetudine con la nonnina, fino a pochi giorni fa sempre pronta con i suoi gomitoli a fare un golfino, un pompon o qualcosa per la bambola.

«Non mi guarda,» dice Marta a voce alta, abituata a ben altra accoglienza. «Prova a farle una carezzina,» sussurra la nonna.
Le piccole dita sfiorano quella mano così antica, vi si infilano sotto nel vecchio gioco del topolino.

Gli occhi e la bocca di lei restano chiusi, ma la mano adagio si muove, si stringe delicatamente su quella della bambina.
Nella tenerezza del gesto appena accennato, si coglie un filo di vita che li unisce tutti, ancora una volta.

Bibliografia

Testimonianze, racconti, riflessioni sul tema nonni/nipoti/genitori/figli

E. Canetti *La lingua salvata*, Adelphi, Milano.
A. Fonzi *Un amore senza Edipo*, Gruppo Abele, Torino.
N. Ginzburg *Lessico famigliare*, Einaudi, Torino.
N. Ginzburg *Mai devi domandarmi*, Einaudi, Torino.
N. Ginzburg *Serena Cruz o la vera giustizia*, Einaudi, Torino.
S. Introini *L'arte di essere nonni*, Qualevita, Sulmona.
G. Baracchi *Il vestito di sacco*, Nodo, Como.
L. Facetti *Passeggiate con la nonna*, SEI, Torino.
K. Gibran *Il profeta*, Guanda, Parma.
L. Romano *L'ospite*, Einaudi, Torino.
L. Romano *Inseparabile*, Einaudi, Torino.
G. Simenon *Lettera a mia madre*, Adelphi, Milano.
S. Kitzinger *Diventare nonna*, Mondadori, Milano.
G. Honegger Fresco *Essere genitori*, Red Edizioni, Milano.

Giochi, coccole e tiritere

N. Laniado, G. Pietra *Rubabandiera e altri giochi classici*, Red Edizioni, Milano.
I. Sacchetti *Il bambino e il gioco nella tradizione popolare*, Armando, Roma.
M. Barth e U. Markus *Il libro delle coccole*, Red Edizioni, Milano.
E. Matterson *Come far giocare i bambini dai 3 ai 7 anni*, La Nuova Italia, Firenze.
E.F. de Hyeronimis *Così per gioco*, Einaudi, Torino.
S. Warner *Il piccolo artista*, Red Edizioni, Milano.
R. Papetti e G. Zavalloni *Giocattoli creativi*, Macro Edizioni, Forlì.
P. Catta e G. Perempruner *Ieri giochi e domani*, ElleDiCi, Leumann (TO).

Terza età

N. Bobbio *De Senectute*, Einaudi, Torino.
S. de Beauvoir *La terza età*, Einaudi, Torino.
G. Dacquino *Libertà d'invecchiare*, SEI, Torino.
E. Gianini Belotti *Adagio un poco mosso*, Feltrinelli, Milano.

Altre proposte

G. Dossena *Abbasso la pedagogia*, Garzanti, Milano.
N. Orengo *A-Ulì-Ulè*, Einaudi, Torino.
S. Petrignani *Il catalogo dei giocattoli*, Theoria, Napoli.

Indice